Maria Theresia Bitterli e Dawio Giovanni Bordoli

Manuale pratico di Reiki

di

Mikao Usui

Seconda Edizione luglio 2021

© M. Th. Bitterli und D. G. Bordoli

mtbitterli@hotmail.com

dawio.bordoli@hotmail.com

Produzione ed editoria:

BoD – Books on Demand,

Norderstedt

ISBN:

9783748188520

"Il Reiki è una disciplina spirituale che vi guiderà verso la liberazione totale".

Ishvara

Sommario

Che cos'è Reiki

Reiki è una disciplina di origine orientale avente come obiettivo l'armonizzazione del corpo, del cuore e della mente con la dimensione spirituale, ed è "basata sull'ipotesi che l'essere umano possa diventare, attraverso diversi livelli di attivazione, un canale di trasmissione dell'energia cosmica" (Zingarelli). Reiki si rivolge a persone sane, autonome e responsabili, il termine "guarigione", ove utilizzato, va inteso nel senso di "raggiungimento di uno stato di amore per sé stessi e per gli altri, armonia interiore, consapevolezza e autorealizzazione".

Il nome Reiki in lingua giapponese indica l'energia vitale che tutto pervade e che è ovunque, anche in noi. REI è l'aspetto universale illimitato, KI è l'aspetto che scorre in tutto ciò che vive, che oggi potremmo anche scientificamente definire come Energia, radiazioni, campi magnetici, ecc....

Quindi REI=Universo, KI=Energia; REIKI=Energia Universale.

La scienza oggi ci insegna che tutto l'Universo è energia in perfetto equilibrio in continuo movimento, regolamentato da Leggi Cosmiche Naturali ben precise.

Il Reiki ci permette di connettere consapevolmente la nostra personale energia con quella in perfetto equilibrio dell'Universo entrando in comunicazione attiva con essa, per riceverla, incanalarla e trasmetterla, traendone innumerevoli benefici su tutti i piani.

Questa potentissima disciplina energetica molto semplice, riprende in modo moderno gli antichi metodi di guarigione del lontano oriente, ed oggi è alla portata di tutti.

Riscoperto nel 1800 da un monaco cristiano giapponese Mikao Usui, oggi il Reiki si diffonde continuamente nei paesi industrializzati d'occidente, data la sua reale validità e semplicità traendo sempre più larghi consensi dalla grande massa; perciò, sulla base di questo sono nati altri metodi similari quali Karuna, Tibetano, Universale.

I seminari di Reiki si suddividono in tre gradi: il primo ci dà l'opportunità di interagire energeticamente sul piano fisico; il secondo ci permette di lavorare sul piano psichico e a distanza nonché di potenziare l'energia incanalata in modo più diretto per mezzo dei simboli; il terzo ci permette di insegnare ad altri tutto il sistema Reiki.

Ciò che il Reiki non è...

Il Reiki si esclude dal movimento della New Age, anche se molti lo hanno avvicinato ad esso e anche alla magia. Reiki non è religione, non propone nuove spiritualità, non promuove credi, perché non ha nulla a che fare con la religione di qualunque fede essa sia.

Le ricerche nel campo di questa disciplina sono tante, l'energia così forte e pulita proviene dal cosmo, dalla Presenza Divina. Un senso divino lo sentiamo in noi e si manifesta in quella forza che ci rende migliori, quando siamo disposti ad accettarla. Reiki non è un sostituto di Dio, può essere uno strumento di Dio e in molte situazioni apre la strada verso "Lui/Lei", laddove la durezza di cuore tenderebbe a chiuderla.

É una tecnica, un modo per migliorare la qualità della vita, non si basa su dogmi o credenze, quindi non le impone. Predispone però alla spiritualità, al benessere, alla serenità, le sue origini sono ben più remote rispetto alla New Age.

Potremmo collocarlo tra le terapie non convenzionali, dette olistiche. Questa tecnica che Usui ha

<ripristinato> riscoprendola alla fine del XIX secolo può essere utilizza in abbinamento alla medicina allopatica. I reiker non si sono mai fatti passare per novelli messia e gli scrittori Reiki, non hanno mai fatto accostamenti irriverenti allo Spirito Santo. Il Reiki non fa parte delle macchinazioni del maligno, non appartiene alle forze del male. Chi sostiene ciò può essere in malafede o più semplicemente ignorante.

Ordine Mistico / Livello di Coscienza

Tutti coloro che sono stati iniziati a Reiki, sono connessi con l'Energia Universale e costituiscono un Ordine Mistico, rappresentato da un insieme di persone che lavorano per l'evoluzione della coscienza sul Pianeta Terra, per la fine delle guerre, delle ingiustizie, delle prevaricazioni politiche, economiche e religiose.

Ordine Mistico è un campo morfogenetico di Energia, Libertà, Luce e Amore che permette allo spirito del Reiki di scendere sulla Terra attraverso milioni d'individui e opera per il bene comune. È definibile come un Livello di Coscienza che riunisce coloro che si adoperano per costruire un mondo migliore e una fratellanza tra i popoli. L'esperienza Reiki crea una forte connessione fra quanti la condividono. Il sentimento di comunanza e appartenenza è il punto nevralgico della crescita e della guarigione, il passaggio dal personale al trans personale, dall'individuale al collettivo, dall'umano al divino.

Le origini di Reiki

La Storia di Reiki appare oggi indissolubilmente legata alla figura di Mikao Usui, il Fondatore del Sistema Usui di Crescita Spirituale, che ne introdusse la pratica in Giappone a partire dal 1920.

Se le coordinate geografiche e temporali sembrano precise e avvalorate da documenti e testimonianze, appare tuttavia difficile, ad una più minuziosa indagine, stabilire con esattezza le modalità con cui Reiki iniziò la sua esistenza.

Soprattutto è difficile stabilire se Reiki sia in effetti una disciplina originale, del tutto nuova ed indipendente da qualunque precedente esperienza, oppure se sia possibile tracciare una linea di discendenza e di sviluppo da tradizioni e pratiche già esistenti.

Innanzitutto è importante delineare quella che è la dimensione spirituale del Giappone all'epoca di Usui, ossia verso la seconda metà del XIX Secolo.

Lo Shintoismo, noto in Giappone come "Kami No Michi" ossia "La Via degli Esseri di Luce" si era perfettamente integrato con il Buddhismo fin dall'VIII secolo dopo Cristo grazie alla natura tipicamente sincretica della spiritualità Giapponese. Le divinità del Panteon

Scintoista si fondevano con le divinità Buddiste, i Buddha e i Bodhisattva venivano venerati accanto ai Kami, ossia gli Esseri di Luce.

Sacerdoti itineranti, chiamati Yamabushi, ossia "Monaci delle Montagne", amministravano il culto con rituali e pratiche che risultano una mescolanza di Shintoismo e Buddhismo. Nasce lo Shugendo, ossia letteralmente "La via della crescita psichica e spirituale".

Lo Shugendo includeva pratiche strettamente ascetiche come il digiuno, la meditazione, l'uso di mantra e di mudra per raggiungere dimensioni estatiche.

Gli Yamabushi ricercavano il "Kantoku", lo "Stato di Illuminazione", e per fare ciò si avvalevano di vari rituali di iniziazione, di pratiche sciamaniche, di danze e canti estatici.

Erano soliti meditare sulla cima delle montagne sacre o presso le cascate e in quei luoghi erano soliti costruire templi per il culto.

Lo Shugendo si divideva in due rami principali: lo Onzan-ha, legato al Buddismo Tendai e il Tozan-ha, facente capo alla Scuola Shingon del Buddismo Esoterico dell'Ordine Mikkyo.

L'Ordine Mikkyo è una disciplina esoterica il cui nome significa "Insegnamento Segreto" in quanto si basa su una tradizione strettamente orale delle informazioni e su un processo di attivazione energetica, ossia una iniziazione da parte di un Maestro della disciplina.

Gli insegnamenti del Buddismo Mikkyo derivano dalla tradizione esoterica dell'India e della Cina e furono portati in Giappone a partire dal VI secolo d.C. Furono poi i monaci Kukai (Fondatore dello Shingon) e Saicho (Fondatore del Buddismo Tendai) a ordinarne i concetti centrali.

Possiamo quindi definire la dimensione spirituale giapponese come un insieme ben amalgamato di elementi derivati dalla religione autoctona dello Scintoismo insieme ad insegnamenti popolari tradizionali pre-Buddisti uniti alle pratiche spirituali Sciamaniche e di adorazione delle Montagne Sacre. A ciò si aggiunge nel tempo la pratica del Buddismo Tantrico Cinese, della Magia Cinese dello Yin e dello Yang, del Taoismo e infine del Buddismo Tibetano.

Ancora oggi per indicare questo alto livello di eclettismo nella partecipazione religiosa si dice che un Giapponese nasce Shintoista, si sposa Cristiano e muore Buddista.

Da una statistica del 1995 emerge effettivamente che il 90% dei giapponesi osservano l'usanza di visitare la tomba di famiglia una volta all'anno e che il 75% possiede un altare Shintoista o Buddista nella propria casa.

È nota e comprovata inoltre la secolare esistenza in Giappone di numerose forme di guarigione attraverso l'imposizione delle mani. Nella Medicina Tradizionale Giapponese (derivata dalla Medicina Tradizionale Cinese) sono ben note numerose posizioni di "Teate" (guarigione con il palmo delle mani) per canalizzare il Ki o Chi (energia vitale).

Nelle arti marziali il Teate viene praticato in varie scuole e Mikao Usui stesso sembra essersi lungamente dedicato alla disciplina del Jujutsu/Kenjutsu. Inoltre fin dall'inizio dell'800 in Giappone vi fu una grande diffusione di un movimento noto come "Reijutsu", di derivazione Shintoista, avente come scopo il miglioramento della salute fisica e mentale.

Anche il Qi-Gong prevede tecniche manuali di trasmissione dell'energia e molte altre tecniche, fra cui rituali, esorcismi e preghiere venivano praticate da innumerevoli guaritori soprattutto nelle campagne o negli strati più poveri della popolazione.

Esistevano inoltre ai tempi di Usui numerose sette religiose che si riunivano intorno ad un leader carismatico solitamente dotato di poteri di guarigione.

È verosimile a questo punto ritenere che ciò che Usui fondò fosse un sistema Filosofico-Spirituale, una pratica per la Guarigione del Corpo e della Mente basato su elementi tradizionali e nel contempo su una personale esperienza di vita, di studio e di pratica ascetica.

Da alcune fonti risulta che Usui sia stato Buddista Tendai, altri ritengono che egli abbia fatto parte della Scuola Shingon dell'Ordine Mikkyo. Ma queste sono solo ipotesi.

Certamente uno studioso, un ricercatore spirituale e praticante di arti marziali non poteva non conoscere a fondo le tradizioni religiose del proprio paese, del proprio popolo e della propria epoca.

In conclusione, sembra lecito desumere che Mikao Usui attraverso anni di studio e di esperienza abbia colto la profonda essenza spirituale del suo tempo e con un supremo atto Mistico/Sincretico ne abbia tratto il suo Metodo di Guarigione Spirituale che oggi conosciamo con il nome di Reiki.

La storia del Reiki

Quella che trovate qui di seguito è la storia di Reiki e di Usui così come è stata tramandata in occidente dalla Takata. Come è poi stato dimostrato non è la vera storia, anche se ancora oggi quasi tutti i libri e i Master di Reiki la riportano così.

Qualcuno sicuramente si chiederà il perché di questo comportamento da parte della Takata e di tutti coloro che la diffondono ancora oggi in questa versione. Per questo, vorrei farvi fare un salto nel passato ed esattamente nel periodo in cui Reiki è arrivato in occidente grazie alla signora Takata. Vi dico solamente che era il periodo della seconda guerra mondiale, dopo che i giapponesi avevano attaccato gli Stati Uniti, ed essendo la Takata di origine giapponese, anche se era nata e vissuta sempre alle Hawai, possiamo ben capire perché avesse apportato delle modifiche alla storia originale. Sicuramente in quel periodo i giapponesi americani erano visti come dei nemici, e di conseguenza come persone poco affidabili. Pertanto la Takata apportò delle modifiche necessarie affinché la storia e le origini di Reiki rispecchiassero più da vicino la cultura, anche religiosa, occidentale. Di questo ringrazio sentitamente la Takata, perché se non avesse fatto così molto probabilmente Reiki non avrebbe avuto in occidente la diffusione che ha tutt'oggi.

Vi consiglio comunque di leggerla e viverla come vera, così come molti l'hanno fatto prima di voi.

Discendenza occidentale: Mikao Usui – Dott. K. Hayashi – H. Takata – P. Furumato.

L'antica Arte del Reiki fu creata all'inizio del XX secolo dal dott. Mikao Usui. La leggenda del dott. Usui alla ricerca di questa conoscenza fu raccontata dalla grande Maestra Hawayo Takata (1900 – 1980) nel seguente modo.

Mikao Usui era insegnante in una scuola cristiana di preti a Kyoto in Giappone. Alcuni dei suoi allievi gli posero un giorno la domanda perché mai non fosse stata fatta alcuna precisazione sui metodi di guarigione, con i quali Gesù Cristo aveva compiuto le sue guarigioni e gli chiesero in particolar modo se egli fosse stato in grado di mostrare loro una simile guarigione. Non essendo in grado di dare una risposta adeguata, pensò di abbandonare la sua scuola e di recarsi in un paese cristiano per avere la possibilità di studiare da vicino il cristianesimo e trovare così una risposta adeguata alla domanda dei suoi allievi. Si recò dapprima in America, dove studiò all'università di Chicago conseguendo il dottorato in teologia. Tuttavia egli non fu in grado di trovare una risposta soddisfacente né nelle scritture cristiane e neppure in quelle cinesi, che egli ugualmente trattava, e quindi decise di proseguire la sua ricerca. Si recò nel nord dell'India e studiò in questa terra, i testi sacri. Il dott. Usui oltre al giapponese, all'inglese e al cinese conosceva anche l'antico sanscrito indiano. Tornato in Giappone scoprì un giorno nelle Sutre Buddhi, scritte oltre 2500 anni prima in sanscrito, alcune formule e alcuni simboli, che contenevano chiaramente la risposta alla sua domanda. Il dott. Usui ne parlò al superiore del suo Chiostro a Kyoto, in cui egli viveva allora, e la mattina successiva si mise in cammino per raggiungere la sacra montagna Kuriyama, distante dal monastero 27 km. Egli aveva in cuore di meditare per 21 giorni nella solitudine della montagna, digiunando, sperando in questo modo di poter stabilire un contatto con il livello dei simboli ed esaminare così il loro contenuto di veridicità. Egli mise davanti a sé 21 piccoli sassolini, sottraendone uno al giorno. Questo gli sarebbe servito da calendario. Durante questo periodo non successe niente di inconsueto. L'ultimo giorno, quando cominciò ad albeggiare, ma l'oscurità ammantava ancora ogni cosa, vide una luce improvvisa muoversi rapidamente su di lui. Essa cominciò a crescere, e crebbe, crebbe, fino a colpirlo al centro della fronte. Pensò di morire, poi vide milioni di piccole bollicine di tutti i colori dell'arcobaleno, che riflettevano particolarmente il colore blu, lavanda e rosa. Infine gli apparve una luce bianca. Egli vide davanti a sé le lettere famigliari del sanscrito in oro lucente e allora disse "Sì, mi ricordo".

Era questa la rinascita del Reiki secondo il sistema Usui.

Quando egli ritornò lentamente in sé, il sole era già alto nel cielo. Si sentiva pieno di energia e di forza e cominciò a scendere dalla montagna sacra. Nella sua fretta egli si ferì all'alluce, ma istintivamente egli vi appoggiò sopra la sua mano e il sangue cessò di sgorgare ed il dolore passò. Era veramente il primo miracolo di Reiki.

Dato che egli era affamato, si recò in una locanda ed ordinò una grandiosa colazione giapponese. L'oste lo mise in guardia dal consumare un simile pasto, dopo aver digiunato tanto tempo, perché certamente avrebbe avuto conseguenze negative. Egli consumò tutto il cibo ordinato senza accusare il minimo disturbo. Questo fu considerato come il secondo miracolo.

La nipotina dell'oste da giorni soffriva di un forte dolore ai denti e il dott. Usui pose le sue mani su quel visino tumefatto e la ragazzina si sentì spontaneamente bene, corse dal nonno e gli disse:" Non è un monaco come tutti gli altri": Questo era il terzo miracolo.

Il dott. Usui ritornò dapprima nel suo monastero e poi decise di recarsi dopo alcuni giorni, nel quartiere dei mendicanti di Kyoto, per poter aiutare questa povera gente, guarendoli ed offrendo loro una vita migliore. Rimase all'incirca sette anni in questi bassifondi e trattò molti malati. Un giorno vedendo in quel quartiere sempre gli stessi visi e chiedendo loro perché non cercassero un lavoro e vivessero diversamente, questi risposero che al lavoro preferivano mendicare.

Il dott. Usui fu profondamente scosso da queste parole, e pianse sul loro significato e riconobbe che egli aveva dimenticato qualche cosa di molto importante: non aveva insegnato loro la riconoscenza. Nei giorni che succedettero egli fissò i principi di vita del Reiki:

Per oggi:

- non ti preoccupare;

- non ti arrabbiare;

- Sii pieno di gratitudine;

- Svolgi il tuo lavoro con dedizione;

- Sii gentile con le persone.

Poco tempo dopo abbandonò il quartiere dei mendicanti e ritornò a Kyoto, dove accese un'enorme fiaccola. A chi gli domandava il significato di questa fiaccola, egli rispondeva di essere alla ricerca di uomini che volessero vedere la vera luce, che fossero malati ed oppressi e che desiderassero arrivare alla guarigione. Si aprì quindi un nuovo capitolo della sua esistenza, in cui egli viaggiò molto per insegnare il Reiki.

Il dott. Usui è sepolto a Tokio, in un tempio Buddista del Jodo Shu. La storia della sua vita si trova incisa sulla pietra della sua tomba. Si dice che lo stesso imperatore del Giappone abbia reso omaggio alle sue spoglie.

Il suo successore fu uno dei suoi più stretti collaboratori: il dott. Cijiro Hayashi, che diventò il secondo grande Maestro del Reiki, nella linea della tradizione. Egli gestì fino a circa il 1940 una clinica privata di Reiki a Tokio, in cui furono trattati anche casi straordinariamente difficoltosi. Fu così che il Reiki, per casi particolarmente difficoltosi diventò il trattamento d'elezione "per 24 ore su 24". Sovente un solo paziente fu trattato contemporaneamente da diversi specialisti in Reiki.

Al dott. Hayashi successe Hawyo Takata che era nata nel 1900 alle Hawai da genitori giapponesi e aveva la cittadinanza americana. Quando essa fu condotta al Reiki, era una vedova con due bambine piccole, era allo estremo delle forze fisiche e psichiche. Soffriva di un gran numero di malattie gravi, quando nel suo intimo sentì una voce che le consigliava di recarsi in Giappone e di cercare là la sua guarigione. Giunta in Giappone, volle sottoporsi ad un'operazione. Era già stesa sul tavolo operatorio, quando udì la stessa voce dirle che l'operazione non era necessaria.

Chiese al suo medico se esistevano altri metodi di guarigione e fu così ricoverata nella clinica di Reiki del dott. Hayashi. Da quel giorno fu trattata quotidianamente da due esperti, che praticavano il

Reiki. Dopo alcuni mesi la sua salute era nuovamente ristabilita.

Hawayo Takata diventò allieva di Hayashi e restò presso di lui per un anno, prima di far ritorno alle Hawai con le proprie figliolette. Nel corso di una visita del dott. Hayashi alle Hawai ella diventò maestra di Reiki, e quando, nel 1941 il dott. Hayashi morì ella gli succedette come Grande Maestra del Reiki. Morì l'11 dicembre 1980 lasciando negli Stati Uniti e nel Canada 22 altri Master di Reiki.

Da quel momento il Reiki si è espanso e diffuso a macchia d'olio in tutti i continenti, ovunque ora ci sono validi Master di Reiki e altrettanto validi operatori. Un grosso grazie va al dott. Usui e a tutti quelli che dopo di lui hanno contribuito alla diffusione di questa tecnica terapeutica, e non solo, ma, anche un modo per riavvicinarsi alla divinità che è in noi, alla nostra missione spirituale e soprattutto all'Amore per sé e per tutte le creature dell'universo in sintonia con i più importanti principi Divini.

La vera storia di Reiki

Il Dott. Usui nacque nel primo anno del periodo Keio, chiamato Keio Gunnen, il 15 Agosto 1865. Il suo primo nome era Mikao e il secondo viene pronunciato sia Gyoho che Kyoho. Egli nacque nel villaggio di Yago nel distretto Yamagata nella prefettura di Gifu. Il nome del suo antenato è Tsunetane Chiba. Il nome di suo padre era Uzaemon. Il cognome di sua madre era Kaweai. Da quanto si sa, egli era uno studente dotato e molto zelante. Da adulto viaggiò in molti Paesi occidentali e in Cina per studiare; lavorò duramente, ma a un certo punto incappò in una qualche sfortuna. Ciò nonostante non si arrese e addestrò sé stesso molto intensamente.

Un giorno si recò sul Monte Kurama per un ritiro di 21 giorni in cui digiunò e meditò. Al termine di questo periodo egli sentì improvvisamente la grande energia di Reiki sulla sommità della propria testa, il che lo condusse al sistema di guarigione Reiki. Inizialmente egli usò Reiki su sé stesso, quindi lo provò sui propri famigliari. Poiché funzionava bene per diversi disturbi, egli decise di condividere questa conoscenza con un pubblico più ampio. Aprì una clinica ad Harajuku, a Ojama, Tekyo nell'aprile dell'undicesimo anno del periodo Taisho (1922). Non solo trattò innumerevoli pazienti, molti dei quali giungevano da molto lontano, ma tenne anche seminari con i quali diffuse il suo sapere.

Nel settembre del dodicesimo anno del periodo Taisho (1923), il devastante terremoto Kanto sconvolse Tokyo. Migliaia di persone rimasero uccise, ferite o si ammalarono per le sue conseguenze. Il dott. Usui portò anche Reiki nella città devastata e ne utilizzò il potere di guarigione per le vittime sopravvissute. La sua clinica divenne ben presto troppo piccola per gestire il flusso di pazienti, perciò nel febbraio del quattordicesimo anno del periodo Taisho (1925), egli ne costruì una nuova fuori Tokyo, a Nakano.

La sua fama si diffuse rapidamente in tutto il Giappone, e allo stesso modo si moltiplicarono gli inviti a recarsi in luoghi lontani e curare a distanza molti disturbi. Una volta andò a Kure, un'altra nella prefettura di Hiroshima, quindi in quelle di Saga e Fukujama. Fu durante il suo soggiorno a Fukujama che venne colpito da un attacco fatale il 9 Marzo del quindicesimo anno del periodo Taisho (1926). Aveva 62 anni.

Il dott. Usui era una persona molto calda, semplice e umile. Godeva di una buona salute. Non si metteva mai in mostra e sul suo volto c'era sempre un sorriso, inoltre fu sempre coraggioso di fronte alle avversità. Al tempo stesso egli era una persona molto prudente. I suoi talenti erano numerosi. Gli piaceva leggere e le sue conoscenze della medicina, della psicologia, della mantica e della teologia di religioni di tutto il mondo erano vaste. La sua abitudine, lunga quanto la sua vita, allo studio e alla raccolta di informazioni lo aiutò a pavimentare il sentiero verso la percezione e la comprensione di Reiki.

Come potete aver capito, Usui non era un monaco cristiano e tantomeno un monaco buddista. Era semplicemente una persona normale, buddista praticante, della scuola Buddista della "Terra Pura" (Jodo-Shu). Molti in occidente associano Usui al Buddismo Tendai o allo Zen, ma queste sono informazioni completamente sbagliate secondo Micheal Gienger che ha ricevuto personalmente queste informazioni dal Monaco Buddista e Maestro

Reiki Rev. Hyakuten Inamoto della Komyo Reiki Kai.

Le spoglie di Usui si trovano sepolte in un tempio della Terra Pura, scuola di cui fa parte anche Hyakuten Inamoto.

Molte leggende ed inesattezze sono state tramandate sul Maestro Usui, molti associano Reiki al buddismo o al buddismo tibetano, dicendo che sue radici affondano in queste discipline, sono stati scritti libri interi pieni di congetture ed analogie, che hanno contribuito a creare solamente confusione, in quanto le cose stanno così.

E', come sempre, tutto molto più semplice, Reiki è nato con l'Illuminazione di Usui, il quale, come tutti i maestri illuminati hanno portato all'umanità intera uno strumento di illuminazione.

Pertanto il Reiki è una disciplina giapponese di nascita, ideata e creata dal Maestro Usui, non ha radici in nessun'altra disciplina.

Usui Sensei è sepolto in un tempio del Buddismo della Terra Pura, il suo nome post mortem (Usanza buddista) è Reizaninshuyotenshinkoji.

Reikizan-in = Tempio sacro sulla montagna

Shuyo = Eccellenza – Onore

Tenshin = Mente del Cielo – Mente Divina

Koji = Uomo buddista (maschio)

Dopo la morte di Usui la scuola che aveva fondato la Usui Reiki Ryoho Gakkai si chiuse al mondo, rimanendo una scuola per pochi eletti, così come nella tradizione ereditata dall'antica cultura legata alle caste dei Samurai. Dove le conoscenze marziali, magiche e di qualsiasi altra natura andavano tenute segrete all'interno delle varie famiglie, se non fosse stato per Hayashi il Reiki non sarebbe giunto a noi. Tale scuola esiste ancora oggi, ed ha 6 insegnanti e 500 allievi in tutto il Giappone. Portano avanti gli insegnamenti di Usui ma, la loro opera e ristretta a solo persone bisognose di cure, infatti si dedicano alla propria evoluzione spirituale e a trattare ed assistere con dedizione poche persone.

Usui da buon Maestro Illuminato sapeva bene che le cose nella Gakkai sarebbero andate in questo modo per questo chiese ad Hayashi, il suo allievo più dotato di uscire e aprire una sua scuola. Hayashi la aprì a Tokyo. Nel 1938 giunse a lui la signora Takata che gravemente malata fu curata in soli due mesi. Anche Hayashi formo diversi insegnanti tra cui una certa signora Iamaguchi. La signora Takata dopo un anno di permanenza nella scuola di Hayashi tornò a casa sua alle Hawai. Dopo circa un anno avendo ella stessa iniziato ad aiutare molte persone con Reiki, queste manifestarono l'interesse di apprendere il Reiki. A questo punto la Takata si accordò con Hayashi il quale si recò alle Hawai per iniziare queste persone. Fu in quest'incontro che diede alla Takata le conoscenze per poter ella stessa insegnare il Reiki.

Tornato in Giappone il dottor Hayashi fu richiamato alle armi essendo un ufficiale medico riservista della Marina Imperiale Giapponese. Il Giappone aveva appena deciso di entrare in guerra contro gli Stati Uniti. Ma tutto questo era contro i suoi principi morali e spirituali pertanto pur di non partecipare ad una guerra offensiva, decise di non partire, ma questo, avrebbe comportato un'accusa di diserzione con relativa pena della fucilazione. Sarebbe stato disonorato lui e la sua famiglia per questo decise di mettere in pratica l'antica modalità dei Samurai per salvare il suo onore e quello della sua famiglia. Nel 1940 decise di fare Sepoku attraverso Hara Kiri l'antica forma di suicidio dei Samurai. Questo dimostra che Usui aveva ben scelto il suo vero successore, in quanto solamente una persona dotata di grande levatura spirituale avrebbe fatto una scelta così coraggiosa e di insegnamento.

La Takata alle Hawai si auto elesse gran maestra e si invento la storia di cui sopra andando anche a modificare gran parte degli insegnamenti tradizionali. Fortunatamente grazie alla signora Iamaguchi allieva di Hayashi il Reiki tradizionale ha continuato a vivere e grazie al monaco buddhista e maestro Reiki Hyakuten Inamoto è giunto a noi.

Un altro lignaggio tradizionale è quello che fa a capo del Maestro Hiroshi Doi, membro della Gakkai e già master Reiki del metodo occidentale, dal 1999 ha iniziato a portare in occidente gli insegnamenti originali del Reiki.

Che cos'è un'armonizzazione

Uno dei momenti più importanti ed emozionanti nel percorso del Reiki è sicuramente l'armonizzazione, anche chiamata "iniziazione" (con l'accezione di "inizio" di un cammino) o, in alcuni testi, "attivazione". Innanzitutto da parte di chi la riceve l'iniziazione non è richiesto assolutamente nulla, se non di restare seduto, rilassato e pronto all'ascolto di quello che succede in lui.

Nel Sistema del Reiki di Usui la procedura di attivazione varia a seconda del livello (e anche le quattro del primo livello variano tra loro). Possiamo comunque dire che tutte le armonizzazioni del Reiki possono essere grossomodo divise in due parti o fasi:

1. Viene convogliata una grande quantità di energia e "incanalata" in alcuni specifiche aree e canali energetici e così purificati questi canali.

2. L'insegnante mette in "risonanza" la struttura energetica dell'allievo con la sua.

La risonanza:

"Nel 1665 il fisico e matematico olandese Christian Huygens, tra i primi a postulare la teoria ondulatoria della luce, osservò che, disponendo a fianco e sulla stessa parete due pendoli, questi tendevano a sintonizzare il proprio movimento oscillatorio, quasi che "volessero assumere lo stesso ritmo". Dai suoi studi deriva quel fenomeno che oggi chiamiamo 'risonanza'. Nel caso dei due pendoli, si dice che uno fa risuonare l'altro alla propria frequenza.

Allo stesso modo e per lo stesso principio, se si percuote un diapason, che produce onde alla frequenza fissa di 440 Hz, e lo si pone vicino a un secondo diapason 'silenzioso', dopo un breve intervallo quest'ultimo comincia anch'esso a vibrare.

Un fenomeno di risonanza provoca in genere un aumento significativo dell'ampiezza delle oscillazioni, che corrisponde ad un notevole accumulo di energia all'interno del sistema sollecitato..." Wikipedia.

Il sistema energetico del ricevente, stimolato in dal sistema dell'insegnante, inizia a "vibrare", e "vibrerà" da quel momento in poi per sempre ed in totale autonomia. In questo senso si spiega il termine "attivazione").

Il neofita, per poter incanalare l'energia Reiki, deve ricevere le armonizzazioni o purificazioni dei canali energetici (Chakras) che il master effettua durante i seminari, permettendo da quel momento che ne divenga un tramite per tutta la vita, per sé stesso e per gli altri.

L'armonizzazione è un processo breve, delicato ed intimo, che il master effettua apponendo le sue mani sul capo del ricevente, avvalendosi dei simboli relativi.

Il Rito di Iniziazione

Nel Reiki le iniziazioni sono tre e precisamente l'Iniziazione al I Livello, al II Livello e al III Livello (Master). Ogni iniziazione è poi costituita da Cerimonie di Attivazione, quattro per il I Livello, tre per il II Livello e una per il III Livello. A ogni Livello corrispondono poi specifici contenuti e pratiche che costituiscono il bagaglio di conoscenze che vengono trasmesse allo studente secondo la tradizione Reiki.

L'iniziazione al Reiki assolve a due scopi principali, il primo è la trasmissione di una conoscenza e il secondo è il collegamento con la Fonte dell'Energia, con Reiki stesso.

Durante il primo Livello si riceve l'iniziazione al Reiki (composta da quattro Cerimonie di Attivazione), che consente di attivare i principali centri energetici del corpo (Chakras), di canalizzare l'Energia di Reiki per tutta la vita e di trasmetterla attraverso le mani a sé stessi e agli altri.

In termini generali, ogni iniziazione è sempre un passaggio e specificatamente un rito di passaggio in quanto si realizza all'interno di una ritualità.

Le armonizzazioni Reiki

Le armonizzazioni sono un processo energetico e metafisico che armonizza l'aura dello studente all'energia e alle tutele Reiki. L'armonizzazione è un semplice rituale durante il quale il nuovo operatore di Reiki viene connesso all'energia vitale universale, i canali vengono purificati e la linea dei chakra rafforzata per poter accogliere l'energia Reiki. Chiunque può essere armonizzato al Reiki e divenire un operatore di Reiki. Durante le armonizzazioni alcune persone hanno grandi sensazioni e percezioni, alcune addirittura ricevono messaggi e illuminazioni, altre invece non percepiscono nulla. In ogni caso le armonizzazioni funzionano perfettamente e lo studente diviene un canale per l'energia vitale universale. Tra le due opposte categorie di percezione c'è la più ampia maggioranza di persone che si sentono semplicemente rilassate e in uno stato amorevole. Alcune persone al termine del processo si sentono accaldate, sovraeccitate, o addirittura assonnate. E' perfettamente normale. Al termine del processo è consigliabile stendersi a terra oppure eseguire subito un trattamento a una persona vicina. In ogni caso le armonizzazioni sono assolutamente positive e benefiche e mettono il ricevente in grado di diventare un canale per la divina energia universale. E' molto frequente, nelle settimane successive all'armonizzazione, assistere a fenomeni di guarigione, sblocco di alcune difficoltà emotive/relazionali e il risolvimento di situazioni ostiche che in precedenza erano paralizzate. Inoltre nei 21 giorni successivi all'armonizzazione il flusso nelle mani potrebbe attivarsi improvvisamente e senza che se ne sia fatta espressa richiesta. Questo è perfettamente normale e fa parte del processo di stabilizzazione dell'energia.

Iniziazione come Morte e Rinascita

Spesso si arriva a fare Reiki quando il mistero, il numinoso, irrompe nella nostra vita, mettendoci di fronte a noi stessi e al nostro piccolo Io. Può accadere sotto forma di malattia, di perdita, di fallimento: in ogni caso i sintomi tentano di farci fermare, di farci riflettere, ci inducono a bloccare un tran tran ripetitivo o un ritmo di vita troppo incalzante e insensato.

La Morte Simbolica

Non a caso, il momento centrale di ogni iniziazione è rappresentato dalla cerimonia che simbolizza la morte del neofito e il suo ritorno tra i vivi. Ma colui che ritorna alla vita è un uomo nuovo, la morte iniziatica significa a un tempo la fine dell'ignoranza e della condizione profana, nello scenario dei riti iniziatici, la «morte» è l'espressione simbolica della fine di un modo di essere: quello dell'ignoranza, della dipendenza e della irresponsabilità.

L'iniziazione, in tutte le società arcaiche e in tutta la storia delle religioni, equivale a una maturazione spirituale, legata all'incontro con il numinoso. Si rinasce cioè a una condizione adulta, di essere umano in senso più autentico e completo, s'impara a sviluppare un pensiero affermativo e maturo, un pensiero capace di amare il quotidiano così come è, riconoscendo ogni attimo nella sua sacralità.

L'iniziazione svela il Sé dietro l'Io, mette in contatto con il significato profondo celato dietro gli eventi. Il significato intrinseco nell'iniziazione è che solo accogliendo umilmente e incondizionatamente le difficoltà, il dolore, la mancanza, si può divenire grandi e liberi. In mancanza di questa accettazione della realtà, siamo destinati a restare legati a un mondo infantile, fittizio e illusorio pieno di rimpianti, di sensi di colpa e di rancore su ciò che avrebbe dovuto essere, pieno di aspettative irrealistiche su ciò che dovrà essere. Iniziazione quindi corrisponde a Crescita, Maturazione, Guarigione, Evoluzione e Individuazione.

Come agisce Reiki

Il Reiki porta benessere ed equilibrio a tutto ciò che noi incanaliamo accelerando considerevolmente tutti i processi evolutivi siano essi psichici, spirituali, emozionali e materiali; quando e ovunque viene incanalato dall'esperto, dopo alcuni semplici accorgimenti preliminari, il Reiki si attiva subito spontaneamente e più o meno sia a livello quantitativo che qualitativo a seconda di ciò o chi che necessita in quel momento riequilibrare.

Essendo l'energia Reiki intelligente, che agisce indisturbata sia dalla nostra coscienza che la incanala e sia da quella (in questo caso) della persona trattata mediante i training o le armonizzazioni, si adegua apparentemente allo stato energetico attuale di tutto ciò a cui essa viene incanalata, lavorando così il più naturalmente e profondamente possibile rimuovendo le cause prime di ogni squilibrio o blocco energetico che si era venuto a creare, rendendo questo metodo di crescita interiore semplicissimo e nello stesso tempo più che mai efficacissimo e mirato.

L'energia cosmica Universale del Reiki presente in ogni cosa, porta equilibrio ovunque viene incanalata adeguando ad essa tutto ciò che è in contrasto con la vera realtà Universale, risolvendo ed eliminando ogni impedimento e blocco.

Gli effetti del Reiki

In base ad esperienze raccolte in tutto il mondo si possono trarre alcune conclusioni sugli effetti del Reiki.

Tutti noi sappiamo quanto mente, corpo e psiche si influenzino vicendevolmente e quanto i nostri disturbi possano richiamare la nostra attenzione sulle lacune dello sviluppo della nostra individualità e sul conseguente disequilibrio fra ciò che sentiamo e ciò che in realtà è la nostra vita. Il Reiki:

Vivifica il corpo e lo spirito;

Ripristina l'armonia psichica ed il benessere spirituale;

Lavora sul piano fisico, mentale e spirituale portando all'equilibrio;

Ricompone le riserve di energia;

Purifica dalle tossine e dalle scorie accumulate;

Tonifica e/o rilassa in base alle esigenze;

Porta benefici alle piante e agli animali;

Aiuta a sbloccare situazioni stagnanti.

Nello specifico il Reiki sollecita i processi di autoguarigione naturale del nostro corpo, sciogliendo i blocchi energetici e portando ad un completo rilassamento. I nervi tesi si calmano, l'appetito viene regolato, il sonno diventa più sereno e profondo, la capacità di concentrazione migliora e la memoria aumenta. Attenua il dolore, migliora la circolazione sanguigna, ristabilisce l'equilibrio naturale dei succhi gastrici, aiuta gli organi di escrezione (intestino, vescica, pelle) a compiere le loro funzioni.

Ogni applicazione di Reiki porta ad un sempre maggiore benessere psicofisico e allo scioglimento delle nostre strutture mentali rigide, processo che permette di rimettere in discussione i vecchi pregiudizi, aprendo la mente a nuove esperienze e favorendo l'ampliamento della conoscenza.

È possibile l'aumento dell'attività onirica; i sogni ci portano delle informazioni dandoci le chiavi per comprenderci.

È possibile che se restiamo raccolti in noi stessi, si arrivi a sperimentare una unione profonda e intima con il soggetto a cui stiamo mandando Reiki e, dopo il trattamento, ci si senta felici e in armonia fisicamente e spiritualmente con noi stessi e con gli altri.

È probabile che si manifestino fenomeni di disintossicazione come per esempio un aumento dell'emissione dell'urina, delle feci o un aumento della sudorazione, attacchi di febbre, aumento del catarro... fino a quella fase chiamata "crisi di riequilibrio" in cui si acutizzano e/o si ripercorrono gli eventuali stati d'animo e sintomi fisici avuti nel corso della vita. É un fenomeno normale e non c'è da preoccuparsi anzi è da assecondare. Per aiutare la disintossicazione è consigliabile bere almeno 2 tisane depurative al giorno durante i giorni di trattamento.

Il Reiki porta all'equilibrio psico-fisico-emozionale, di conseguenza quando facciamo Reiki su noi stessi o su una situazione, le manifestazioni fisiche ed emozionali e/o le esperienze che man mano si presentano si devono vivere come delle tappe verso un benessere globale.

È fondamentale comprendere che "tutto" è in movimento, tutto è in divenire, nulla è uguale a sé stesso e che il movimento può essere assecondato da noi. I presupposti sono: scoprire ciò che si vuole e il perché, smettere di preoccuparsi e iniziare a occuparsi di sé stessi e/o della situazione facendo Reiki.

L'uso dell'energia

Non basta conoscere le posizioni delle mani, la quantità di tempo in cui rimanere a contatto ed aver ricevuto l'iniziazione, quello che è determinante è diventare consapevoli del significato di energia e viverla.

"Non troverai mai la verità se non sei disposto ad accettare anche ciò che non ti aspettavi." (Eraclito)

Sui più antichi testi indiani già ritroviamo il concetto secondo il quale l'Universo Manifesto è emanazione di una Realtà ultima che lo pervade e lo riempie di energia continuamente e dovunque. A questa energia sono stati attribuiti diversi nomi, a seconda delle varie culture: è, ad esempio, prana per gli indù, ka per gli egizi, chi per i cinesi, ki per i giapponesi, wakan per gli amerindiani, baraka per i sufi, forza risanatrice della natura per Ippocrate, spirito santo per i cattolici.

Una particolare forma di energia, prossima alla consistenza fisica, è l'energia vitale che l'individuo assorbe ed usa con la respirazione; molte delle tecniche corporee e arti marziali usano questa energia: in Giappone l'Aikido, in Cina il Tai Chi...

Operando con questa stessa energia, sulla quale la scienza non ha mai potuto fornire sino ad oggi una completa spiegazione, nel corso dei secoli alcuni uomini sono stati protagonisti di "fatti miracolosi".

Sin dai tempi più remoti tutti i popoli della terra sapevano come usare l'immenso potenziale di energie dentro e intorno all'uomo. Il loro obiettivo era capire e rispettare le leggi che governano queste energie, per utilizzarle sia che volessero provocare una pioggia sia che intendessero comunicare con gli spiriti della natura o risanare velocemente un corpo.

Essendoci un'infinita varietà di vibrazioni, e quindi di forme di energia, è importante essere chiari su cosa si vuole ottenere. L'accedere all'energia spirituale richiede una costante disciplina di pulizia mentale, necessaria per mettersi in armonia con l'essenza divina, il ché è molto diverso dalle tecniche di visualizzazione che servono per ottenere quella certa casa in montagna, o per superare un esame.

L'elemento comune all'uso di tutte queste energie è accettare il fatto che esse siano disponibili e possano essere usate da noi: più si diventa consci della loro esistenza più è facile usarle, più si acquisisce precisione nell'individuazione e messa a fuoco dell'obiettivo, più è naturale ottenere il risultato.

Come funziona il Reiki

Reiki è una tecnica energetica, lavora quindi sulle energie sottili, sul sistema dei chakra e sui campi aurici dell'essere umano. Non può essere definito un sistema medico in quanto non agisce direttamente sulla malattia, piuttosto sui blocchi energetici che sono responsabili della malattia fisica. Reiki è un'emissione di energia divina altamente positiva che favorisce il benessere psicofisico. Reiki è utilizzabile su persone, come su animali e vegetali. Ogni essere vivente può essere aiutato mediante l'irradiazione dell'energia Reiki.

La malattia fisica è la conseguenza di alcuni squilibri di natura energetica e blocchi nei chakra che si manifestano nei corpi sottili prima di concretizzarsi "discendendo" sul corpo fisico. Conseguentemente il Reiki non agisce direttamente sulla malattia ma su questi centri energetici.

La malattia fisica può anche essere la conseguenza di una scelta animica fatta dalla persona prima di incarnarsi, una scelta per poter fare esperienza della malattia e della sofferenza fisica.

Il processo di guarigione

L'operatore Reiki è un facilitatore di guarigione, ossia un individuo che agisce sugli squilibri energetici fungendo da canale per l'energia universale. Il processo di guarigione non è influenzato dalla volontà dell'operatore, ma viene deciso esclusivamente dalla creatura ricevente e della sua intelligenza superiore che sa dove inviare l'energia. Reiki viene definita un'energia intelligente proprio perché va dove c'è bisogno senza che l'operatore debba visualizzare assolutamente nulla. Reiki è un sistema facilissimo ed è sufficiente che l'operatore metta le mani e l'energia fluirà. Esistono posizioni prestabilite per i trattamenti (sia su se stessi che sugli altri) ma è importante ricordare che l'energia Reiki fluisce dove c'è bisogno, quindi appoggiando la mano su una spalla, ad esempio, se è lo stomaco ad aver bisogno di energia, il Reiki fluirà fino allo stomaco.

La quantità di energia assorbita dal paziente non è regolata dall'operatore Reiki, che è soltanto un canale, bensì dall'intelligenza cellulare e dal sé superiore del paziente che sanno quanta energia necessita il corpo fisico.

Il Reiki ci offre equilibrio fra le diverse parti di noi, vivere con i piedi per terra, la testa rivolti verso il cielo, senza privilegiare nessun aspetto (materiale o spirituale).

La sola centratura del cuore lavora su tre piani, fisico (stimolando il timo) armonizza il piano emotivo (mentale) aiuta a ritrovare il contatto con il nostro sé superiore (spirito).

Il sistema delle tutele Reiki

Quando una persona diventa operatore di Reiki, a seguito dell'armonizzazione, la sua aura e i suoi campi energetici vengono armonizzati con il complesso energetico Reiki e la persona entra nella famiglia Reiki ereditandone le tutele. Questa è la sostanziale differenza tra il Reiki e qualsiasi altro sistema di trasmissione energetica basato sul Ki o prana. Le tutele Reiki sono fondamentalmente quattro:

- L'operatore Reiki attinge all'energia universale senza dover utilizzare la propria energia pranica. Questo evita che l'operatore si scarichi durante una sessione, in quanto l'energia vitale universale è disponibile in quantità illimitate.

- L'operatore non può assorbire l'energia malsana e negativa dei blocchi energetici del paziente che sta trattando, in quanto Reiki crea una protezione tra il paziente e l'operatore.

- Nonostante questa tutela, l'operatore sviluppa grande empatia ed è in grado di avvertire sia i disturbi che i disagi della persona trattata.

- Durante il processo di trasmissione dell'energia, l'operatore è un canale e quindi riceve anche per se stesso l'energia vitale universale che guarisce egli stesso oltre al paziente.

Prerequisiti per praticare il Reiki

Chiunque può divenire un operatore di Reiki, senza alcuna eccezione a questa regola. Non servono poteri psichici o pregresse cognizioni di guarigione olistica. Ogni persona può essere attivata al Reiki e divenire un operatore Reiki capace. Gli unici requisiti che si richiedono a coloro che desiderano addentrarsi nella pratica del Reiki sono:

- Condurre una vita sana ed equilibrata;

- Condurre una vita onesta, secondo coscienza e moralità;
- Profondo desiderio interiore di migliorare sé stessi;
- Propensione all'aiuto al prossimo.

Come già detto in precedenza, Reiki è un'energia intelligente e gli operatori di Reiki sono unicamente dei canali, ossia dei mezzi attraverso i quali il Reiki viene diffuso e propagato. L'operatore Reiki non è responsabile della guarigione. Inoltre essendo unicamente un canale di energia non deve possedere alcun talento particolare. In definitiva chiunque può accedere al Reiki.

Reiki come via di consapevolezza spirituale

Reiki è noto in tutto il mondo come "metodo naturale di guarigione", ma anche se dà grandissimi risultati in questo senso, il suo vero terreno di lavoro è la consapevolezza e la spinta all'evoluzione. Già durante l'iniziazione Reiki prende avvio la trasformazione: l'energia comincia potentemente a lavorare su tutti i piani dell'essere. Possiamo sinteticamente riferirci a 4 piani:

- il piano corporeo (livello della materia grossolano) ;
- il piano emotivo (livello psichico o piano astrale);
- il piano mentale (livello noetico);
- il piano dello Spirito.

Dal momento dell'iniziazione, il Reiki regolarizza e potenzia la circolazione energetica in tutte le aree della propria unità di corpo, emozioni, mente e spirito. Reiki è un'energia equilibrata ed equilibrante.

Corpo

Sul piano corporeo Reiki innesca processi di disintossicazione generale che portano ad una graduale e progressiva eliminazione di tossine; aiuta a combattere i danni causati dall'inquinamento atmosferico e acustico e dall'alimentazione errata; potenzia l'azione del sistema immunitario; attenua il dolore sia acuto che cronico; aiuta a rigenerare i tessuti e a riattivare le funzioni di tutti gli organi armonizzando i sistemi circolatorio, linfatico, endocrino, digerente e urinario; aiuta a riequilibrare il sistema nervoso e il sistema neurovegetativo contribuendo sensibilmente alla realizzazione di un piacevole stato di rilassamento e distensione muscolare.

Emozioni

Sul piano emotivo il riequilibrio energetico contrasta con profitto i disagi cui l'essere umano quotidianamente è sottoposto: e, naturalmente, aiuta a riconoscere e a rielaborare antichi traumi, conflitti, sensi d'inadeguatezza e di colpa.

Mente

Sul piano mentale ridona freschezza e lucidità; aiuta a eliminare pensieri ossessivi e a venire a capo di piccole manie; stimola la concentrazione nell'attività e, nel riposo, il rilassamento. Favorisce chiarezza d'idee, capacità di connessione. Facilita la traduzione nel piano razionale dell'emisfero sinistro degli elementi astratti o intuitivi dell'emisfero destro favorendone l'integrazione.

Spirito

Sul piano spirituale aiuta indirettamente attraverso il sentire, ovvero risvegliando e potenziando le capacità intuitive e quelle legate alla sensibilità psichica.

Il Reiki aiuta a squarciare il velo di Maya (l'illusione che copre il vero volto delle cose) fra l'essere umano e la realtà che lo circonda, a sentire le cose nella più ampia prospettiva dell'equilibrio cosmico; così, se gli sembra di essere bersagliato dal destino, o da qualche malattia o segnale del suo corpo fino a prima solo latente, l'ottica di accettazione del Reiki lo può aiutare a comprendere che sta attraversando un periodo di trasformazione, un processo di metamorfosi individuale e di profonda crescita interiore, al quale è opportuno non sottrarsi. Nell'universo non esiste il caso. Tutto avviene all'interno di una logica cosmica. Il Reiki aiuta ognuno a sentire gli infiniti messaggi che il mondo esterno di continuo gli fa arrivare e che normalmente sfuggono alla sua normale, condizionata, distratta e pigra attenzione. Disturbi latenti, fino a quel momento mantenuti tali a costo di un alto dispendio energetico, potranno allora eventualmente emergere, ma per essere riconosciuti, elaborati e "guariti" in accelerazione; infatti il Reiki accelera fortemente qualsiasi processo di guarigione. Questa guarigione o "purificazione" si riscontra principalmente a livello corporeo. Non è semplicemente un riflesso di processi di pulizia, ma va ben oltre, avviene nell'essere globale dell'individuo. La propria energia personale (Ki), nei confronti della quale la sensibilità si affina, diventa tutt'uno con l'energia cosmica. Aumenta la frequenza della propria vibrazione energetica, di conseguenza muta la coscienza, a tutti i livelli: attraverso il piano del cuore la propria unità di corpo, emozioni, mente e spirito si apre ad una potenziale "comprensione" delle leggi cosmiche. Agendo sul piano del cuore, il Reiki invita e sprona ogni iniziato a spostare il suo centro dal 3° chakra (Ego, volontà di potere) al 4° chakra (amore incondizionato), a trasformare il suo egoismo, la sua importanza personale, la sua presunzione in ricerca del Sé totale, dell'Uno-Tutto e la sua volontà di potenza in potenza di volontà, d'intento e di realizzazione. La divina presenza Io Sono viene più facilmente riconosciuta. Dal momento in cui ha ricevuto l'armonizzazione di Primo Livello, il Reiki scorre nell'iniziato per sempre! Iniziazione significa: l'inizio di qualcosa di meraviglioso!

L'Aura e i Chakra

La risonanza della nostra frequenza si espande intorno a noi creando i nostri corpi sottili, composti da sostanze più sottili e impalpabili che sono identificate con i nomi di corpo eterico, corpo astrale, corpo mentale e corpo casuale. Il corpo eterico si forma nei 9 mesi di vita in utero, è una muta trasparente e sottile che ha la funzione di filtrare tutto ciò che ci arriva dall'esterno. Il corpo astrale è una sorta di mantello che si trova nello spazio che delimito ruotando a braccia aperte su me stesso. Nel suo spazio può entrare soltanto chi vibra alla mia stessa frequenza. Tutte le emozioni che tratteniamo si depositano sul corpo astrale e vibrano con noi. Nel momento in cui percepisco un lieve disagio e non ne ricerco l'origine, questo si sposta dal corpo astrale a quello eterico, se ancora non lo prendo in considerazione arriva direttamente al chakra corrispondente, creando disturbi fisici. I disturbi legati a questo corpo sono di tipo somatico-emozionale. Il corpo mentale è peculiare dell'essere umano, ed è preposto alla formazione del pensiero concreto, i disturbi corrispondenti a blocchi sul piano mentale sono di tipo psicosomatico. Il corpo causale è il corpo che persiste per tutta l'evoluzione di un essere umano, i blocchi relativi a questo corpo portano a disfunzioni genetiche.

A seconda della rispettiva posizione, ognuno dei 7 Chakra si irradia in diverse zone del corpo, influenzando le funzioni organiche, la circolazione, l'attività ormonale, le emozioni ed i pensieri, e trasformando l'energia cosmica vitale (Prana) che scorre all'interno del corpo umano. Questa energia viene raccolta nei Chakra e messa a disposizione per i processi che coinvolgono il corpo, l'anima e lo spirito. Il buon funzionamento di questo sistema energetico apporta benefici all'intero organismo. Ogni Chakra governa determinati organi ed ha particolari funzioni a livello fisico, psichico e spirituale. Una anomalia nel flusso di energia che attraversa un determinato Chakra provoca scompensi alle parti connesse ad esso. Ad ogni Chakra corrisponde un determinato colore dell'arcobaleno ed ognuno di essi è rappresentato come un fiore di loto con i petali aperti: il numero dei petali ed il loro colore varia a seconda del Chakra. Su ogni petalo è riportato un segno dell'alfabeto sanscrito. Ad ogni Chakra corrisponde anche uno dei quattro elementi da cui trae origine ogni sostanza di cui è composta la materia, secondo la teoria dei 4 elementi: fuoco, aria, acqua, terra.

Il sistema dei 7 chakra fisici

I chakra prendono origine dalle Nadi (veri e propri vasi di circolazione energetica). Le tre Nadi più importanti sono Sushumna, Ida e Pingala. Sushumna è considerato il condotto supersottile, che corrisponde al midollo spinale, connette i 7 chakra principali.

All'interno di essa scorre l'energia cosmica della Kundalini. La tradizione hindu dice che la Dea Kundalini risvegliandosi chakra dopo chakra dal basso verso l'alto rendeva il soggetto illuminato. Al lato di Shushumna si snodano sempre dal basso verso l'alto altre due Nadi Ida e Pingala. Ida porta energia statica lunare e si snoda sul lato sinistro. Pingala a destra invece scorre energia solare positiva.

Chakra è una parola sanscrita che significa "ruota" o "vortice". I chakra sono i centri energetici allineati lungo la colonna vertebrale. La loro funzione è quella di scambiare energia con lo spazio universale ed ognuno di essi presiede ad alcune funzioni fisiche / emotive / mentali dell'individuo.

In realtà i chakra nel corpo umano sono oltre duecento, ma i principali sette (chakra maggiori) sono quelli che vengono affrontati nel primo livello Reiki.

1° CHAKRA: Muladhara

Il primo Chakra, Muladhara, significa radice in sanscrito, si trova nel plesso coccigeo, nella zona del perineo tra l'ano e i genitali, alla base della spina dorsale, ed è rappresentato da un loto color rosso con quattro petali. E' associato a gambe, piedi, plesso sacrale-coccigeo, ghiandole surrenali, apparato escretore, apparato riproduttore, ossa, denti, unghie e deputato alla formazione di cellule nel sangue. Esotericamente è legato all'elemento Terra ed esprime radicamento, centramento e stabilità. Regola lo scambio energetico con il pianeta terra e ci collega al mondo fisico e materiale, portando in sé i bisogni istintuali dell'uomo. Quando è armonico crea positività ed integrazione con il mondo circostante, ci dona grande forza fisica e interiore, disciplina e moralità. Quando è disarmonico crea squilibri emotivi, può portare a dipendenze da droghe e alcool, all'isolamento e a problemi esistenziali. Nei casi peggiori può indurre pensieri di suicidio e depressione, e la persona vive costantemente uno stato d'inadeguatezza e insofferenza alla vita.

2° CHAKRA: Svadisthàna

Il secondo Chakra, Svadhistana, è situato alla base dell'organo genitale, nel plesso sacrale, ed è rappresentato da un loto di color arancione con sei petali; associati ad esso sono il sistema riproduttivo, le ovaie, l'utero, i testicoli, il sistema urinario; regola appetito, le funzioni sessuali, i reni, la vescica e ha influenza su tutti i liquidi del corpo umano: sangue, linfa, succhi gastrici e sperma. Esotericamente è associato all'elemento Acqua, per cui attiene alle emozioni, ai sentimenti, nonché alla sfera sessuale dell'individuo. E' inoltre il centro della creatività dell'individuo, delle emozioni.

Se questo centro è armonico si vivrà in armonia con se stessi e le proprie emozioni, godendo una vita equilibrata a livello sessuale, psicologico ed emotivo.

Se Svadisthàna è disarmonico l'individuò soffrirà di problemi di natura sessuale, aggressività e controllo delle emozioni, e nei casi più gravi disfunzioni all'apparato riproduttore, ai reni e via discorrendo.

3° CHAKRA: Manipura

Il terzo Chakra, Manipura, si trova nel plesso epigastrico (plesso solare) all'altezza dell'ombelico, ha dieci petali di colore giallo. Regola stomaco, fegato, milza, pancreas, ghiandole surrenali, sistema digestivo, cistifellea, addome, fondo schiena, sistema nervoso autonomo e apparato muscolare. Inoltre è responsabile del sistema metabolico e della distribuzione dell'energia in tutto il corpo. Manipura è abbinato all'elemento fuoco, esprime calore, energia, espansività, volontà, azione e potere. L'armonia a livello di Manipura è indispensabile per poter correttamente espandere e percepire il corpo astrale, ed eventualmente sperimentare le proiezioni astrali.

4° CHAKRA: Anahata

Il quarto Chakra, Anahata, è il chakra del cuore ed è situato nel plesso cardiaco e ha dodici petali di colore verde. E' associato agli arti superiori, polmoni, schiena, cuore, circolazione sanguigna, epidermide, timo e sistema immunitario. Regola l'amore verso se stessi e il prossimo, l'ego, la compassione e la disponibilità. Essendo legato esotericamente all'elemento Aria, Anahata regola anche le funzioni respiratorie.

Se l'individuo vive in armonia con il proprio lo, questo chakra irradierà nella sua vita amore puro verso il prossimo. La sensazione che deriva da Anahata in armonia è un profondo stato di pace interiore, gioia e ottimismo donando la capacità di guarire gli altri.

5° CHAKRA: Vishudda

Il quinto Chakra, Vishuddha, è posto nel plesso laringeo, è di colore azzurro con sedici petali; in sanscrito significa purificazione; regola orecchie, udito, corde vocali, plesso laringeo e faringeo, mascella, tiroide, trachea, bronchi, parte superiore dei polmoni, esofago, funzione respiratoria e facoltà della parola. E' responsabile della capacità di esprimere la propria interiorità. È collegato alla comunicazione e all'auto-espressione. L'elemento corrispondente è l'Etere.

Quando è in armonia consente all'individuo di vivere armonicamente e in assenza di pregiudizi, in autonomia e con apertura mentale. Profondamente in relazione con Svadisthana, aiuta nell'espressione dell'energia sessuale, la creatività a tutti i livelli ed è preposto allo sviluppo dei poteri di chiaroveggenza, chiaroudienza e telepatia poiché presiede alla comunicazione con i piani sottili.

6° CHAKRA: Ajna

Il sesto Chakra, Ajna, è collocato nel plesso cavernoso, tra le due sopracciglia ("terzo occhio") ed è di colore indaco con due petali; Ajna gestisce viso, occhi, naso, orecchie, seni frontali, tempie, sistema nervoso centrale, cervelletto, vegetativo, mente e ipofisi

E' la sede della consapevolezza superiore, della sensibilità della comprensione e dell'immaginazione creativa, del discernimento, della memoria e del ragionamento razionale. Quando è in armonia, l'individuo ha consapevolezza del divino e un forte sviluppo di tutte le facoltà extrasensoriali.

7° CHAKRA: Sahasrara

Il settimo Chakra, Sahasrara, si trova sulla sommità del capo ed è rappresentato come un loto a mille petali di colore violetto o bianco; il chakra dai mille petali si trovo alla sommità del capo, nel punto dove, alla nascita, abbiamo la fontanella. Associati ad esso troviamo il cervello, il sistema nervoso centrale e i capelli; è collegato alla spiritualità, alla trascendenza ed all'autocoscienza. È preposto allo scambio delle energie cosmiche di frequenza elevata distribuendole ai chakra inferiori. È sinonimo di unione con il divino, attraverso il quale si sperimentano stati di coscienza elevati.

Quando questo chakra è in armonia, la sua energia fluisce verso i chakra inferiori aprendoli e sciogliendo i blocchi ai livelli inferiori, esprimendo la consapevolezza spirituale e l'evoluzione interiore.

L'Aura

Il corpo umano è circondato da un campo di energia, una proiezione sottile ed energetica di sé stesso che si chiama aura. L'aura è composta da vari strati e livelli, ognuno rappresenta un livello dell'esistenza umana. Il corpo fisico è la componente più densa e materiale dell'essere umano.

L'aura è un insieme di energie elettromagnetiche di densità variabili che compenetrano e circondano il corpo umano creando un campo di forma ovale, conosciuto anche come <uovo aurico>. Essa si estende intorno al corpo tanto più quanto la persona è sana ed energica. Si trova anche al di sopra della testa e si estende sotto i piedi nel terreno.

Gli esperimenti di Northrop e Burr, della Yale University, utilizzarono le onde elettromagnetiche ultrasensibili sugli animali di laboratorio, e dimostrarono che l'aura diminuisce e poi scompare totalmente al momento della morte, mentre le cellule continuano a vivere per un certo periodo di tempo.

Con il primo livello di Reiki pare che si acquisti una nuova aura chiamata Prima aura cosmica che funge da ulteriore protezione.

L'aura nell'arte

Nell'arte vediamo come l'aura faccia parte di tutte le antiche culture religiose. Le deità vengono infatti rappresentate come circondate da strati di fiamme o di luce radiosa. Anche nella Religione Cristiana è facile vedere un'aura dipinta intorno agli Angeli, a Gesù e alla Sacra Famiglia. Nelle opere si osserva la presenza di un aureola intorno alla testa, essendo in questo punto localizzato un centro energetico che funziona largamente in coloro che hanno un alto sviluppo spirituale.

Era diffuso il concetto secondo il quale l'uomo emanerebbe una determinata radiazione colorata. Si pensava che questo fenomeno accompagnasse solo persone di grande purezza spirituale, ma col passare del tempo si è andata affermando la convinzione che ogni uomo possiede una radiazione colorata. Questa radiazione colorata viene indicata come <Aura>. L'aura di una persona ha dei colori che non arrivano da una luce esteriore, ma sono rifrazioni proiettate sul doppio energetico che provengono da una luce interna, dall'Io. I vari colori indicano il carattere di una persona, la sua evoluzione, il suo stato di salute. Esiste un numero elevato di colori e combinazioni dei medesimi, ed ognuno ha un preciso significato. I nostri stati d'animo, i nostri pensieri, si estrinsecano, si manifestano, in una gamma di forme e gradazioni esplicative.

Aura, colori e musica

Gli antichi Egizi, avendo notato come la luminescenza emanata da una persona variasse in relazione al suo stato di salute e ai suoi sentimenti, usavano perciò pietre e amuleti a scopo correttivo. Per il medesimo scopo Pitagora, filosofo greco del sesto secolo a.C., utilizzava anche le vibrazioni musicali e la poesia.

La stretta correlazione tra suoni, colori e l'aura umana, ha occupato un ruolo importante nella salute e nel benessere dell'umanità attraverso i secoli.

Dunque, l'aura è il risultato della funzione di tutte le emozioni dell'essere umano, nella sua totalità, è un campo di energia che circonda ognuno di noi, estendendosi sopra e oltre noi, per parecchi centimetri e anche metri. Quando il corpo si ammala, la malattia si riflette sull'aura, modificandola nella luce e nei suoi colori.

La luce riflessa attraverso un prisma, si scompone nei colori dell'iride: rosso, giallo, arancio, verde, blu, indaco, viola. L'aura li comprende tutti con le loro infinite sfumature. Questo corpo luminoso di forma ovoidale che circonda e compenetra il nostro corpo, comprende tre tipi di energie:

l'aura della salute;

l'aura mentale;

l'aura astrale.

Quanto più l'aura si estende attorno al corpo tanto maggiore è l'evoluzione spirituale, la parte destra della medesima rivela il modo con cui ci presentiamo agli altri, la parte sinistra rivela le aree di sviluppo della personalità, la parte centrale rivela il modo con cui si affronta la vita.

Il Sistema di Apprendimento Reiki

Il Reiki tradizionale viene impartito in tre livelli, due livelli operatore ed un livello maestro insegnante. Recentemente il terzo livello è stato scisso in due livelli ossia il terzo livello di operatore avanzato e il terzo livello master. Ritengo questa scissione superflua e pertanto nei miei corsi impartisco il training di maestro nell'arco del terzo livello. Ricapitolando il Reiki tradizionale di Usui si divide in:

1° grado Reiki (operatore di primo livello);

2° grado Reiki (operatore di secondo livello – operatore avanzato);

3° grado Reiki (grado di maestro ed insegnante Reiki).$

Crescere nel percorso del Reiki non significa acquisire ulteriori poteri, e non significa che un operatore di secondo o terzo grado abbia più energia Reiki di un operatore di primo. Scegliere di proseguire nel sentiero del Reiki significa assumersi una maggiore responsabilità, significa decidere di porre al centro della propria esistenza la guarigione e successivamente l'insegnamento. Può essere allettante l'idea di fregiarsi del titolo di maestro/insegnante, ma questa scelta dovrebbe essere presa con le dovute ponderazioni. In ogni caso tra un corso e l'altro sarebbe meglio trascorresse un periodo di tempo ragionevole atto a stabilizzare quanto ricevuto. Ciò non toglie comunque, che se una persona si sente pronta possa procedere rapidamente lungo il sentiero Reiki.

Il Primo Livello (fisico)

Il primo livello del Reiki è un livello per così dire tecnico, ossia dedicato all'apprendimento delle basi e all'allineamento con l'energia Reiki per la prima volta. Nel primo livello si tratta per lo più il corpo fisico per il benessere e il rilassamento. La persona diviene un operatore di Reiki e inizia a trasmettere l'energia vitale universale. Gli utilizzi sono molteplici. Si può trattare sé stessi, gli altri, il cibo, l'acqua, gli animali, le piante e i cristalli.

Lo studente, attraverso un seminario teorico, pratico ed energetico riprende contatto consapevole con l'Energia Vitale Universale. Aumenta la frequenza vibrazionale, la capacità percettiva, la consapevolezza, il senso di connessione e vi è la possibilità di trasmettere Reiki attraverso le proprie mani, su sé stessi, sugli altri, sugli amici animali, sulle piante, sui cibi, sui farmaci, etc...

Durante il corso, viene attivato il canale attraverso il quale scorrerà l'energia Reiki e vengono potenziati i Chakra. Poiché con il primo livello la trasmissione di energia avviene per contatto, vengono insegnate le posizioni delle mani, che sono il veicolo per trasferire l'energia, sia su di noi stessi che sugli altri. Per questo il primo livello viene detto "fisico".

Il nostro modo di essere, di pensare e di proporci, subiranno dei profondi cambiamenti e il nostro modo di "sentire" vivrà una crescita profonda di consapevolezza.

Durante il seminario di 1° livello, ogni partecipante riceve dal Maestro quattro attivazioni o quattro iniziazioni che permettono di canalizzare questa Energia Vitale Universale Reiki che scorrerà spontaneamente per tutta la vita attraverso un canale che rimarrà aperto per sempre. Il lavoro, fatto tramite l'iniziazione, risveglia il centro spirituale divino che è in ognuno di noi. Questo processo continua la sua espansione verso l'allineamento e il risveglio di tutti i Chakra.

I 5 principi o precetti del Reiki

"Il metodo segreto per invitare la felicità"

I cinque Principi non sono affatto rigide prescrizioni moralistiche tratte dai poemi scritti dall'imperatore Meji. Tutt'altro: lo spirito che li anima è il sentimento dell'unità e dell'armonia dell'individuo con l'intero universo.

Usui diede vita ai cinque Principi ispirandosi ad una frase del paragrafo iniziale del libro "Teoria della Salute" scritto nel 1914 dal Dottor Suzuki Bizan. Sosteneva che erano uno degli strumenti più importanti per raggiungere la felicità e la pace interiore. Il paragrafo, intitolato "Un Sentiero per il Suono" inizia così: *Solo oggi non essere arrabbiato;*

non essere impaurito; con onestà, esegui diligentemente il tuo dovere; sii compassionevole con gli altri".

Mikao Usui li pone alla base del suo metodo e li definisce, in termini poetici, "il metodo per invitare la fortuna". Rispettarli è "la meravigliosa medicina per tutte le malattie". Tra l'altro non scrive di seguire ciecamente i cinque principi ma di portare le mani in Gassho e custodirli nel proprio cuore; farli propri e ripeterli ad alta voce alla mattina e alla sera.

Migliorare la qualità della propria vita

Chi veramente li ha fatti propri ha scoperto che non è l'atto di recitarli in sé o di ripeterli come un mantra a determinare i cambiamenti. La rivoluzione è la capacità di integrarli e metterli in pratica nella vita quotidiana, ogni giorno. Solo per oggi.

Partendo dal presupposto (sempre più diffuso) che tutto quello che ci accade è il frutto dei nostri pensieri, delle nostre parole e delle nostre azioni, metterli in atto significa poter migliorare la qualità della nostra vita. Oggi sappiamo anche quanto sia importante il pensiero positivo e che sia meglio fare delle affermazioni che non contengano negazioni: per questo motivo potremo trovare delle versioni nelle quali per esempio "non ti arrabbiare" si è trasformato in "sii gioioso" oppure "non ti preoccupare" in "abbi fiducia". Ma l'importante è proprio prendere un impegno con sé stessi, l'impegno di "non arrabbiarsi" e di "non preoccuparsi". Scegliere con il nostro libero arbitrio di non arrabbiarci non equivale ad essere gioiosi.

La dicitura "solo per oggi" oppure "proprio oggi" è un evidente richiamo a vivere il presente, il "qui ed ora", senza pensare al passato che è già trascorso e neppure al futuro perché deve ancora accadere e non sappiamo in quale modo. Imparare a vivere nel presente significa imparare a vivere consapevolmente attimo per attimo, come insegna il Buddhismo Zen.

Vediamo dunque alcune possibili interpretazioni dei cinque principi e quali utili consigli ci offrono:

Solo per Oggi:

Non essere adirato (Kyo dakewa Ikaruna):

L'invito di Usui è quello di eliminare le cause della rabbia, identificando la causa di quello che ci ferisce e agire di conseguenza, parlando, esprimendo ciò che pensiamo o sentiamo.

la collera è un atteggiamento di reazione a fronte di un pericolo, di un'ingiustizia o di un qualcosa che non si è risolto come desideravamo. È un atteggiamento che offusca la mente. Imparando ad accettare le proprie debolezze e i propri limiti non solo si avrà un enorme risparmio di energia, ma soprattutto si avrà un beneficio fisico, ottenendo, così, un atteggiamento corretto per affrontare qualsiasi situazione e ritornando ad essere padroni dei nostri comportamenti.

Non preoccuparti (Shimpai suna):

Pre-occuparsi significa occuparsi prima di qualcosa prima che accada e quindi proiettarsi nel futuro, oppure vivere costantemente nel passato, in quanto le preoccupazioni arrivano da esperienze negative o dolorose ma comunque già vissute, quindi passate.

È un invito a vivere la vita attimo per attimo e ad affrontare le situazioni quando si presentano, intanto si attrae ciò che si emana: chi si preoccupa, finirà con l'attrarre esattamente ciò di cui ha paura. Proiettiamo nella realtà le paure che abbiamo dentro di noi.

Abbandonare le preoccupazioni significa avere fiducia che tutto sta andando per il nostro meglio.

Lavora sodo (Gyo wo hageme):
Questo principio ha in realtà due significati: si riferisce sia al nostro lavoro materiale ed esteriore per poterci mantenere, sia ad un lavoro spirituale ed interiore per la nostra crescita personale. Lavorare onestamente significa non danneggiare o sopraffare gli altri a proprio beneficio e chiedere la giusta ricompensa. Questo principio ci ricorda anche l'importanza di essere a posto con la nostra coscienza, di essere leali e onesti soprattutto con noi stessi. Il lavoro è ripulirci dalle nostre paure, dalle convinzioni e credenze limitanti, da emozioni "negative". L'impegno è di prenderci cura di noi stessi e dell'evoluzione della nostra anima.

La crescita personale è riferita all'essere veramente sé stessi, alla consapevolezza di ciò che in realtà siamo in grado di offrire con il cuore.

Sii grato nei confronti di tutto ciò che vive sii grato (Kansha shite):

Questo principio è anche un invito ad essere grati e rispettare ogni forma di vita e comprende, oltre agli esseri umani, anche gli animali, le piante, i minerali e la manifestazione dell'energia in tutte le sue forme. Ogni forma di vita ha lo stesso nostro diritto di vivere. Il fatto che siano meno evoluti di noi non ci autorizza a ucciderli o distruggerli.

Onora i tuoi maestri, i genitori e gli anziani, sii gentile verso i tuoi simili (Hito ni shinsetsu ni):

È importante rispettare tutti gli esseri viventi, condividere sentimenti positivi, essere compassionevoli e accettare gli altri così come sono, senza giudizi. Questo principio è fondamentale se pensiamo che nell'universo si riceve quel che si da.

Ringraziare la vita

Chi fa Reiki scopre l'importanza di dire grazie. Ringraziare significa accogliere ciò che ci circonda e noi stessi in un unico abbraccio, ringraziare è un dolce momento di fragilità e intimità che ci unisce all'universo. Ogni giorno noi riceviamo il nostro pane quotidiano, ogni giorno lo Spirito ci elargisce generosamente i suoi doni sotto forma di vita, aria, acqua, amore, tramonti, cieli stellati, mari e montagne, cibo ed energia vitale. A volte ci dimentichiamo perfino di essere vivi, ci dimentichiamo tutto l'amore che abbiamo ricevuto, ci perdiamo nei meandri della sofferenza e dimentichiamo tutta la gioia che abbiamo provato nella nostra vita.

Diventiamo duri e distaccati, freddi e disillusi. Ringraziare per i doni ricevuti ci rende nuovamente umani, lascia entrare dentro di noi il calore della vita.

Chi fa del male

Soffre in questo mondo e nell'altro

Soffre contemplando il male che ha fatto

E ancora di più soffre

Scendendo nell'oscurità.

Chi fa del bene

Gioisce in questo mondo e nell'altro

Gioisce contemplando il bene che ha fatto

E ancora di più gioisce

Innalzandosi nella luce.

(Dharmapada, Il Cammino del Dharma, Canone Buddista)

Le regole del Reiki

Umiltà

Umiltà significa saper riconoscere i propri limiti. La persona che da il Reiki non guarisce nessuno e deve essere completamente distanziato da frasi tipo "io faccio...Io ti guarisco". Se qualcuno pensa di avere il merito di guarire qualcuno togliendo il merito al Reiki come risultato ottiene il blocco del fluire dell'energia per chiusura del quarto chakra.

Il Reiki è una terapia duplice e unica. Difatti guarisce chi la da e chi la riceve. Solo accettando di guarire noi stessi, possiamo poi approcciarci agli altri, ma sempre con umiltà, come canale. Se accettiamo questo...possiamo magari dire che dando il Reiki forniamo un aiuto, apriamo una porta...

Perché pagare

Vi chiederete perché pagare, se l'energia è disponibile attorno a noi? Ciò che si paga non è l'energia, ma è il tempo e la professionalità di chi opera. Come un qualsiasi insegnante, insegna un pensiero, insegna a scrivere. Non paghiamo né il pensiero né la scrittura, ma paghiamo la disponibilità della persona che ce lo trasmette.

La legge dell'equilibrio dice che se qualcuno mette a disposizione il proprio tempo per te e tu ricevi qualcosa, questo qualcosa se pagato ha un valore differente che un trattamento gratis.

Inoltre non pagando si crea un credito o un debito energetico, si accumula un legame karmico che non dovrebbe essere creato. L'equilibrio si crea con il pagamento di ciò che si ha ricevuto.

La teoria delle stringhe

In fisica, la teoria delle stringhe è una teoria, ancora in fase di sviluppo, che tenta di conciliare la meccanica quantistica con la relatività generale, e che spera inoltre di avere tutte le caratteristiche necessarie per essere una teoria del tutto. Si fonda sul principio secondo cui la materia, l'energia e, sotto certe ipotesi, lo spazio ed il tempo sono in realtà la manifestazione di entità fisiche primordiali che, a seconda del numero di dimensioni in cui si sviluppano, vengono chiamate per l'appunto stringhe.

Le "cose" più piccole dell'universo non sono le particelle subatomiche protoni, neutroni ed elettroni, e neanche le particelle nucleari quark, leptoni, neutrini. Sembra che la particella fondamentale dell'universo non sia una particella. Essa viene descritta come una serie di "stringhe" che vibrano a specifiche frequenze che determinano le singole materie. La forma e il contenuto dell'intero universo sono determinati dalle frequenze vibrazionali presenti nel cuore di ogni singola particella. Questo concetto sostiene l'assunto che non esiste differenza fra materia ed energia, ma che sono i nostri sensi a discriminare le diverse forme di materia. Questa teoria non è nuova a chi pratica il Reiki perchè da un fondamento razionale all'assunto che siamo tutti composti di energia e che possiamo interagire con essa.

Tre leggi dell'energia

Prima legge:

Tutto l'universo è formato da energia. Tutta l'energia vibra, quindi tutto l'universo è una vibrazione. L'energia vibra a velocità differenti, quindi mostra qualità differenti ai nostri sensi.

A seconda del suo livello di vibrazione noi la percepiamo, attraverso i vari organi del nostro corpo, come sasso, come fiore, come profumo o colore, come pensiero.

Di queste vibrazioni i nostri sensi percepiscono una piccolissima parte, meno di un miliardesimo: le percepiamo come onde del mare, cambiamenti di umore, frusciare del vento tra gli alberi, suono della nostra voce, forme della sabbia sott'acqua, luce delle stelle. Tutto vibra e vibrare vuol dire cambiamento, alto e basso, positivo e negativo, ciclicità; vibrare vuol dire mutare, che si tratti di stagioni oppure di un cambiamento della nostra vita. Sono i nostri sensi gli strumenti che ci permettono di percepire l'energia e noi li impieghiamo a seconda della velocità della vibrazione o a seconda della sua densità: sottile come un pensiero leggero o densa come la materia solida. L'energia-materia assume moltissimi aspetti: per esempio il tessuto vivente è più facile da alterare ed è più facilmente influenzabile da energie esterne nei confronti di un sasso; l'energia-acqua così fluida e accomodante, scioglie e incorpora in sé tutta la materia.

Tutte le idee dell'uomo e le azioni che compie sono e usano energia. La quantità di energia usata o necessaria per la realizzazione di un'idea dipende dalla sua grandezza: ci vuole molta più energia creativa per realizzare un grande dipinto che per pitturare una grande parete; molta più energia materiale per costruire un grattacielo che una casetta; molta più energia emotiva per superare una tragedia personale che per accettare un raffreddore.

Possiamo immaginare la noia di vivere in un paradiso terrestre: il primo giorno ci svegliamo e notiamo un bellissimo sole giallo nel cielo blu, sentiamo gli uccellini cantare sugli alberi e ci sentiamo bene; il secondo giorno lo stesso, e così per il terzo giorno... il centesimo giorno restiamo a letto sognando tempeste e uragani, inondazioni e maremoti. È il cambiamento che rende stimolante la vita, anzi il cambiamento è necessario alla vita: l'energia in movimento causa il cambiamento delle stagioni, l'arrugginirsi degli oggetti, il decadimento e quindi il rinnovamento. Il ciclo continua.

Con la consapevolezza che tutto è in movimento ipotizziamo la nostra vita come un film, con un inizio, una fine e dei momenti cruciali... quando viviamo un evento bello o brutto lo cristallizziamo, blocchiamo lo scorrere del film e vediamo solo il fotogramma. Pensiamo e viviamo quel fotogramma come "è e sarà per sempre così" invece il film e la vita continuano. Il Reiki permette di capire che l'evento sul quale è concentrata tutta la nostra attenzione è solo un piccolissimo fotogramma, che c'è stato un prima e ci sarà un dopo e fa ripartire quel film. Inoltre permette di essere stabili nel momento dell'esaltazione e sereni e fiduciosi nel momento del dolore perché consapevoli che sono solo attimi di quel film che è la nostra vita e che in ogni momento può verificarsi il cambiamento.

Seconda legge:

L'energia deve scorrere, quindi per farlo deve essere in un costante stato di diverso livello potenziale.

L'energia si muove procedendo da un punto a maggiore potenziale energetico ad un altro a livello inferiore - dal polo negativo al positivo e viceversa; essa perciò scorre e per manifestarsi deve continuare a scorrere; la legge vale per l'acqua quanto per lo scorrere della nostra vita. Lo scorrere dell'energia produce cambiamenti ed è il cambiamento che rende le situazioni interessanti, che offre opportunità di esperienza e conoscenza.

Terza legge:

L'energia di una certa qualità, o vibrazione, attrae un'energia dello stesso tipo. Quello che emaniamo ci ritorna.

L'energia di una certa qualità o vibrazione attrae qualità o vibrazioni dello stesso tipo. Questo è valido per pianeti come per le emozioni; l'energia si muove circolarmente e quello che emaniamo ci ritorna; se emaniamo amore ci ritorna amore, se emaniamo risentimento ci ritorna risentimento.

Facendoci Reiki ci ripuliamo da condizionamenti, giudizi, preconcetti e ci consentiamo di essere noi stessi. Ci si rende conto della propria unicità e si acquisisce l'autostima e il coraggio di vederci e migliorarci, assumendoci le nostre responsabilità. Tutto ciò porta a sintonizzarci su una frequenza più elevata e contemporaneamente ad attrarre le persone in sintonia e ad allontanare chi non l'ho è più.

La risonanza: per quanto riguarda l'aspetto vibrazionale, possiamo notare che se in una stanza ci sono due pianoforti, suonandone uno, l'altro è "attirato", cioè entra in risonanza, in sintonia col primo. Alla stessa maniera ogni persona ha un diapason interiore per entrare in risonanza con gli altri; captiamo lo schema energetico dell'essere o oggetto, lo accettiamo e risuoniamo con esso.

Ogni forma di energia emana uno schema energetico che interagisce con le altre forme di energia, perciò tutte le forme di energia sono in rapporto e si influenzano tra di loro: ciò che noi percepiamo come distinto e separato è in realtà la manifestazione in forme diverse della stessa energia comune a tutto; letteralmente tutto è una grande unità, un'unica grande vibrazione di energia. Ogni singola forma di energia, essere o cosa, quando è in gruppo, esercita un'influenza maggiore di quello che fa come singola entità. Il contributo del gruppo è più grande della somma dei contributi delle singole parti. A livello umano l'energia delle masse determina la struttura energetica totale: è per questa ragione che il singolo individuo che non pensa come la massa trova difficile districarsi dal pensiero e dalla vibrazione comuni.

Reiki permette di essere forti e stabili nel portare avanti la nostra verità e permette di elevare le vibrazioni di chi ci sta accanto fisicamente ed emozionalmente; aiuta a sintonizzarci con chi è simile a noi diventando una forza d'amore capace di rinnovare l'umanità e il pianeta.

Reiki è costituito da onde luminose e di calore che ognuno di noi può incanalare e ridistribuire attraverso le proprie mani e con il proprio cuore. Fate Reiki con gioia ed amore, non forzatevi mai.

Da ricordare:

Iniziare sempre con un ciclo di quattro trattamenti in quattro giorni consecutivi, e stabilite poi il da farsi, anche in relazione alle necessità del problema.

Come tutte le cure naturali, il Reiki può portare ad una "crisi di riequilibrio"; il malessere sembra peggiorare a causa di tossine fisiche e psichiche da tempo dimenticate che vengono prima rimesse in circolo e poi definitivamente espulse. Consigliate alla persona di bere molta acqua naturale.

Le quattro porte del Reiki

Fillis Lei Furumoto ha delineato quattro porte di accesso al Reiki.

a) La prima fase: la guarigione fisica

La guarigione fisica è l'aspetto preponderante, è il motivo principale per le persone che si avvicinano al

Reiki. Ricordatevi però che il Reiki non guarisce nessuno, favorisce solo l'innescarsi del processo di autoguarigione della persona. Nessuno di noi guarisce gli altri con il Reiki, ricordatevi ancora che noi siamo solo canali.

b) La seconda fase: la crescita personale

Il processo di autoguarigione modifica ovviamente qualcosa dentro l'individuo. Questo va accettato, e se viene accettato inizia la crescita personale, il processo di trasformazione (elaborazione e liberazione dei blocchi e delle paure). Il processo di autoguarigione significa anche per l'individuo accettare di vedere i propri difetti e rimettersi in discussione. Crescere, maturare, esplorare sé stessi, comprendere le proprie potenzialità ed i propri limiti. Si devono abbandonare le forme-pensiero che hanno cristallizzato dentro di noi le nostre paure, lasciar andare tutto ciò che ci ostacola e ci porta ad ammalarci. Il Reiki aiuta l'individuo ad avere un atteggiamento corretto e positivo a livello psichico.

Il processo di autoguarigione modifica ovviamente qualcosa dentro l'individuo. Questo va accettato e, se viene accettato, inizia la crescita personale, il processo di trasformazione (elaborazione e liberazione dei blocchi e delle paure).

Il processo di autoguarigione significa anche per l'individuo accettare di vedere i propri difetti e rimettersi in discussione. Crescere, maturare, esplorare sé stessi, comprendere le proprie potenzialità e i propri limiti.

Si devono abbandonare le forme-pensiero che hanno cristallizzato dentro di noi le nostre paure, lasciar andare tutto ciò che ci ostacola e ci portano ad ammalarci.

Il Reiki aiuta l'individuo ad avere un atteggiamento corretto e positivo a livello psichico.

c) La terza porta: la disciplina spirituale

Il Reiki è un mezzo che aiuta a ritrovare la propria coscienza e la propria spiritualità.

La disciplina spirituale consiste nello sfruttare i principi del Reiki per esplorare noi stessi. Sfruttare i principi non significa pensare di appartenere a una setta, l'aver aderito a una nuova religione, l'aver trovato un Maestro o un guru. Il Reiki è un mezzo che aiuta a ritrovare la propria coscienza e la propria spiritualità.

d) La quarta porta: l'ordine del mistero

Questa porta consiste nel riconoscere dentro di noi che nel Reiki convivono molti aspetti, alcuni spiegabili altri inspiegabili, ma ugualmente accettati e sperimentati. Si avrà una connessione maggiore tra fisico e piani sottili dal momento che si decide di attivare altre persone e quindi di intraprendere il cammino del Master.

Questa porta consiste nel riconoscere dentro di noi che nel Reiki convivono molti aspetti, alcuni spiegabili altri inspiegabili, ma ugualmente accettati e sperimentati.

Quando il Reiki entra in noi, ci si rende conto che è un'esperienza mai avuta prima e che nulla sarà mai come prima per noi.

Il primo contatto si ha quando si riceve un trattamento, il contatto diventa maggiore e profondo durante le cerimonie di attivazione del primo e del secondo livello.

Si avrà una connessione maggiore tra fisico e piani sottili al momento che si decide di attivare altre persone e quindi di intraprendere il cammino del Master.

Centratura del cuore e preghiera

La pratica della centratura al cuore è un momento di raccoglimento che si fa prima di ogni trattamento e che ha lo scopo di sintonizzarci con le energie Reiki e canalizzarle attraverso la consapevolezza del cuore. Durante questa breve sintonizzazione interiore poniamo le mani sul cuore ed invochiamo la guida, la protezione e la sintonia con le guide del Reiki, i Maestri, il Creatore e l'energia universale: "Chiedo un invio di luce di guarigione multiversale dalla fonte originaria al livello fisico, mentale e spirituale secondo un'ottica superiore nel nome del Creatore infinito". L'importante è che all'interno del nostro cuore richiediamo di essere canali d'amore e di luce visualizzando una colonna di pura luce bianca che scende dall'universo attraverso la corona e raggiunge il cuore e le mani.

La bilanciatura o centratura del cuore è il passaggio più importante e significativo del Reiki, non solo perché apre il canale all'energia universale, il gesto antico di portare le mani sul cuore è un atto di amore, è l'offerta del nostro più profondo sentimento all'Universo e rappresenta il consenso dall'Alto a racchiudere nel cuore il nostro bene più prezioso: l'anima.

Il cuore è la sede dell'anima, è lo scrigno dei sentimenti, la cassaforte del bene e anche del male. In esso si custodiscono i momenti di amore e di odio, di perdono e di rancore, di compassione e di violenza. Quando le azioni compiute durante il nostro percorso, sono consone allo sviluppo della coscienza positiva, il cuore si apre alla serenità e alla luce e diventa leggero, ma quando le azioni che si compiono sono gravi e portano danno all'anima, sentiamo il cuore pesante, oppresso e disperato. Il cuore è importante per chi fa Reiki perché è nel cuore che nasce la nostra vitalità di trasmettitori. Portarsi le mani al cuore e sentire l'energia dolce e pulita che scorre dentro di noi, è importante. Le mani così necessarie alla nostra struttura fisica...donano, prendono, rubano, amano, colpiscono, pregano, accarezzano, minacciano, aiutano, oppure distruggono.

Nel momento in cui il reiker si centra nel cuore, cambia atteggiamento, si calma, si riempie di amore, diventa incline alla tolleranza e al perdono. La centratura nel cuore è una sorta di benedizione per le mani che la eseguono, perché le libera dalle energie fredde e dure delle emozioni e le rende calde e generose. Ogni momento Reiki inizia con la bilanciatura al cuore, è una postura eseguita con le mani poste al centro del torace, sovrapposte, incrociate, una sopra l'altra in parallelo, oppure (è la posizione più indicata) la mano destra sul cuore, la sinistra sovrapposta con il pollice che tocca la fossetta della gola: l'amore che nasce dal cuore viene espresso dalla parola. L'attenzione dovrà essere concentrata sul palmo delle mani, l'esperienza che ne emerge è che le energie mentali del controllo, del potere e dell'aggressività, dell'ansia del plesso solare, lasceranno il posto alle energie del cuore. La bilanciatura del cuore è una pratica soddisfacente, nei momenti di confusione, ansietà, smarrimento, posare le mani sul cuore, porta a uno stato di grazia e di rilassamento.

Questo gesto ci consente di avere la certezza di utilizzare l'energia Reiki e non la nostra personale.

Radicamento - Grounding

Questa pratica ha lo scopo di radicare e scaricare le energie dopo una seduta. Si fa anche al termine di un'armonizzazione o in generale quando ci si sente iper-attivi e carichi di energia. Il modo migliore per farlo è visualizzare i piedi che affondano nella madre terra come le radici di un albero, e la nostra schiena e le nostre braccia diventare rispettivamente, il tronco e i rami dell'albero. Durante questo procedimento, che può durare da pochi secondi a diversi minuti, visualizziamo di rilasciare ogni energia in eccesso comandando che tale energia torni alla madre terra per il massimo bene supremo di ogni essere vivente. Questa pratica ha lo scopo anche di stabilizzarci e ancorarci alla vita. Mentre la si esegue, i chakra vengono aperti, puliti e stabilizzati. Questa pratica ha radici molto antiche e precedenti al Reiki e trova il suo massimo impiego nelle tecniche dell'esoterismo.

Sweeping – accarezzamento dell'aura

All'inizio e al termine di ogni sessione, quando si lavora su altre persone, occorre eseguire lo sweeping, l'accarezzamento dell'aura. Questa procedura si esegue posizionando le mani sospese sul corpo e compiendo un arco su di esso dalla testa fino ai piedi e ripetendo questa operazione tre volte. Questo fa sì che l'energia pesante, portata alla luce durante il trattamento, sia scaricata e inoltre sigilla e protegge l'aura della persona trattata.

La preghiera Reiki di guarigione

Questa è una preghiera da utilizzare, se si vuole, prima di ogni trattamento. La consigliamo vivamente perché i suoi effetti sono immediati.

"Chiedo un invio di luce di guarigione universale al livello fisico, mentale e spirituale secondo un'ottica superiore nel nome del creatore infinito. Così è, grazie."

Come tenere le mani durante i trattamenti

Le mani vanno tenute in modo morbido e non rigido, vanno appoggiate delicatamente o tenute sospese a pochi centimetri dal corpo. Ovviamente ci asterremo dal toccare parti intime e non forzeremo mai le persone al contatto quando non lo desiderano. L'energia di luce sgorga dai palmi e dalle punte delle dita e fluisce andando esattamente dove c'è bisogno.

Preliminari dei trattamenti

Per trattamenti Reiki non d'emergenza è utile disporre di una stanza adatta, ordinata, priva di rumori disturbanti, dotata di illuminazione soffusa, che offra comodità sia per il ricevente che per l'operatore. Poter disporre di un comodo lettino terapeutico è ideale, ma anche un tavolo allungabile o un asse di legno sorretto da tre cavalletti possono eventualmente costituire un'efficace alternativa. Un lettino trasportabile (12-14 Kg.) è molto comodo.

TEMPERATURA

Avremo cura di avere a portata di mano anche un plaid o una coperta da usare in caso di bisogno. Spesso chi viene trattato subisce un calo della temperatura corporea in virtù del rilassamento, al contrario l'operatore Reiki tende a sentire calore nel suo ruolo di tramite.

ABBIGLIAMENTO

La persona che viene trattata non ha bisogno di svestirsi data la forte capacità penetrante dell'energia Reiki. È comunque buona cosa che il vestiario sia costituito il più possibile di fibre naturali (cotone, lana, lino, seta). Sia l'Operatore Reiki sia colui che riceve si tolgono le scarpe, l'orologio, così come eventuali occhiali, anelli e braccialetti. Inoltre, prima di trattare, l'Operatore Reiki si lava le mani.

ATMOSFERA, AMBIENTE

Una musica soffusa e un buon incenso (a patto che non dia fastidio) possono servire a purificare energeticamente l'ambiente e a creare un'atmosfera di rilassamento e di armonia. La stanza in cui operiamo dovrebbe parimenti essere pulita e in ordine.

RADICAMENTO

Come Operatori Reiki sappiamo che nel trattare altre persone corriamo il rischio di assorbirne eventuali disarmonie. Per prevenire questa malaugurata circostanza eseguiamo ogni trattamento senza materie isolanti (come la gomma) sotto i nostri piedi. Possiamo agire scalzi, o con dei calzini, o con delle scarpette di cotone, cuoio o altro che ci permettano di mantenere una buona "messa a terra" e quindi consentano di scaricare qualunque influsso disarmonico attraverso i canali Reiki dei piedi. Anche durante l'iniziazione ai vari livelli Reiki viene data grande importanza ai piedi, proprio al fine di realizzare un buon radicamento.

INVOCAZIONE DI PROTEZIONE

Quando il ricevente è sdraiato ad occhi chiusi, prima di iniziare il trattamento, chiediamo mentalmente protezione all'universo in un modo simile a questo: 1) "Chiedo all'universo di essere protetto e schermato durante questo trattamento contro qualsiasi influsso disarmonico!"; oppure 2) "Io sono protetto e schermato durante questo trattamento contro qualsiasi influsso disarmonico!" mentre teniamo la mano non dominante protesa verso l'alto (ad antenna) con il palmo in su, la mano dominante appoggiata sul cuore.

DURATA DEL TRATTAMENTO REIKI

Al di fuori dei casi di emergenza, in cui si usa il tempo che si ha, quando un trattamento viene programmato è bene che duri circa un'ora. Una serie (4-5) di trattamenti naturalmente porta a risultati più evidenti, profondi e duraturi negli effetti benefici.

FREQUENZA

A seconda della gravità del caso, da malattie gravi alla semplice esigenza di distensione e rilassamento, possiamo stabilire la cadenza degli incontri secondo opportunità.

PROCEDURA

Eseguiamo per alcuni istanti la bilanciatura al cuore e poi cominciamo il trattamento secondo il nostro sentire. Imponiamo le mani delicatamente, una alla volta e stiamo in ascolto delle percezioni sotto i palmi. Le tratteniamo nella stessa posizione finché non sentiamo di spostarle, naturalmente sempre una alla volta, per non interrompere il contatto energetico e, di conseguenza, compromettere il rilassamento del ricevente. Come Operatori Reiki di primo livello siamo invitati ad usare entrambe le mani a contatto col ricevente al fine di creare un ottimale circuito energetico.

SENSAZIONI

L'Operatore Reiki in ascolto. Solitamente chi tratta sente più caldo di chi riceve, in quanto quest'ultimo rilassandosi tende ad abbassare i ritmi metabolici. Quando trattiamo, non sempre le nostre mani diventano "calde": qualunque sia la nostra percezione stiamo trasmettendo ugualmente l'Energia. L'emanazione di energia equilibrata ed equilibrante del Reiki (un'energia non-polare) ci consente di aumentare la nostra sensibilità all'energia degli altri e di farci guidare da questa sensibilità durante il trattamento. Occorre allenare tale sensibilità e il cogliere tu tutte le sfumature soggettive delle proprie percezioni richiede tempo e pratica. Emanando energia armonica durante un trattamento Reiki, quando si incontra una disarmonia, si crea una sorta di "attrito" tra le forze in gioco. Questo attrito è ciò che viviamo nelle mani come sensazione, per esempio: formicolio, punzecchiamento, bruciore, dolore più o meno forte, prurito e così via. Può anche capitare che viviamo per qualche istante delle sensazioni dolorose localizzate nel nostro corpo in perfetta corrispondenza con i sintomi nel corpo del ricevente. Questo stato non deve però durare più di qualche minuto, perché altrimenti è segno che non stiamo scaricando a terra adeguatamente le sue disarmonie; in tal caso interrompiamo momentaneamente il trattamento andandoci a sciacquare le mani sotto l'acqua corrente fredda per circa un minuto. Può anche verificarsi la percezione di affetti o di emozioni del ricevente; questi casi di "empatia energetica" sono del tutto normali per chi lavora con il Reiki attraverso il cuore.

ACCAREZZAMENTO DEL CAMPO DI EMANAZIONE ETERICA

All'inizio e alla fine di ogni trattamento è opportuno eseguire per tre volte l'accarezzamento del corpo eterico del ricevente facendo scorrere piano le mani in parallelo, dalla testa ai piedi ad una distanza di circa 5 cm dal suo corpo. Questo serve a creare il primo contatto o a fluidificare in modo armonico le energie mosse durante il trattamento. Strofiniamo quindi le mani tra di loro per interrompere il contatto energetico e poi laviamole con l'acqua corrente fredda per circa 1 minuto.

ATTEGGIAMENTO DI PRESENZA DELL'OPERATORE

È davvero importante non distrarsi, non perdersi nei sentieri tortuosi dei propri pensieri durante un trattamento. L'energia scorre con grande potenza quando noi operatori siamo totalmente presenti e assumiamo un atteggiamento di disponibilità autentica, rispettosa e amorevole. La mente tende a fuorviarci con il suo incessante e disturbante dialogo interiore. Quando ci accorgiamo di divagare torniamo immediatamente nel momento presente, evochiamo il silenzio della quiete interiore.

Alcune tra gli infiniti possibili trattamenti Reiki

Le posizioni di seguito riportate sono solamente alcune tra le tantissime possibili. Siamo costantemente invitati a sentire e sperimentare attraverso la nostra creatività quali sono, di volta in volta, quelle più adatte ad ogni specifica situazione.

In questi ultimi anni, prima della scoperta della vera storia del Reiki di Mikao Usui, si praticava Reiki in modo spesso "dogmatico", con precise regole e altrettanto rigidi schemi fissi. Per esempio il trattamento Reiki cosiddetto "completo" veniva strutturato in una sequenza di 21 posizioni fisse da mantenere ciascuna per tre minuti. Su questa strana e davvero occidentale regola sono poi proliferati molti CD con splendide musiche rilassanti capaci di scandire il ritmo con un campanello tibetano ogni tre minuti, forse affinché l'Operatore Reiki fosse libero di non ascoltare il proprio ritmo e le proprie sensazioni, libero di comportarsi come un perfetto automa. Per quanto noi ci sforziamo, non riusciamo proprio a immaginare il buon Mikao Usui in un contesto così rigido.

In qualunque posizione si trovino le nostre mani - non seguendo la "testa", ma l'istinto del "sentire" - il compito che ci aspetta, oltre a essere presenti a noi stessi e alla situazione, è quello di stare in amorevole e quieto ascolto di quanto accade a livello energetico.

L'Autotrattamento

L'Autotrattamento è il trattamento completo su se stessi. Per norma ogni posizione va tenuta per almeno

129

tre minuti, ma come sempre l'intuizione è la migliore soluzione.

Oltre a queste posizioni, è possibile aggiungere quelle posteriori, sul collo, la testa, le spalle, le reni, e ancora le ginocchia, le gambe, le caviglie, i piedi.

Il Reiki è un metodo di riequilibro energetico e si consiglia di praticarlo con costanza su di sé e sugli altri.

I metodi che seguono fanno parte della metodologia tradizionale del Sistema Takata.

L'autotrattamento: durata media complessiva circa 30 min. Mantenete ogni posizione 2/3 minuti:

Centratura.

Sdraiato o seduto ad occhi chiusi.

Mani sul volto, coprendo occhi e guance.

Mani sulle tempie e orecchie.

Mani dietro la parte posteriore della nuca.

Una mano rimane sulla nuca l'altra sulla fronte.

Mani a contatto sulla sommità del capo.

Una mano sulla gola (pollice aperto), l'altra immediatamente sotto.

Mani incrociate sul petto sulle spalle.

Mani allineate sul seno.

Mani sotto il seno (milza e fegato).

Unire le mani sullo stomaco, sopra l'ombelico.

Unire le mani sull'intestino, sotto l'ombelico.

Con le mani si forma una "V", con le punte delle dita che appoggiano sull'osso pubico.

Piegare le gambe, mettere una mano sul coccige e una sul pube, i polpastrelli si devono toccare.

Dedicare eventualmente un'ulteriore posizione alle aree problematiche.

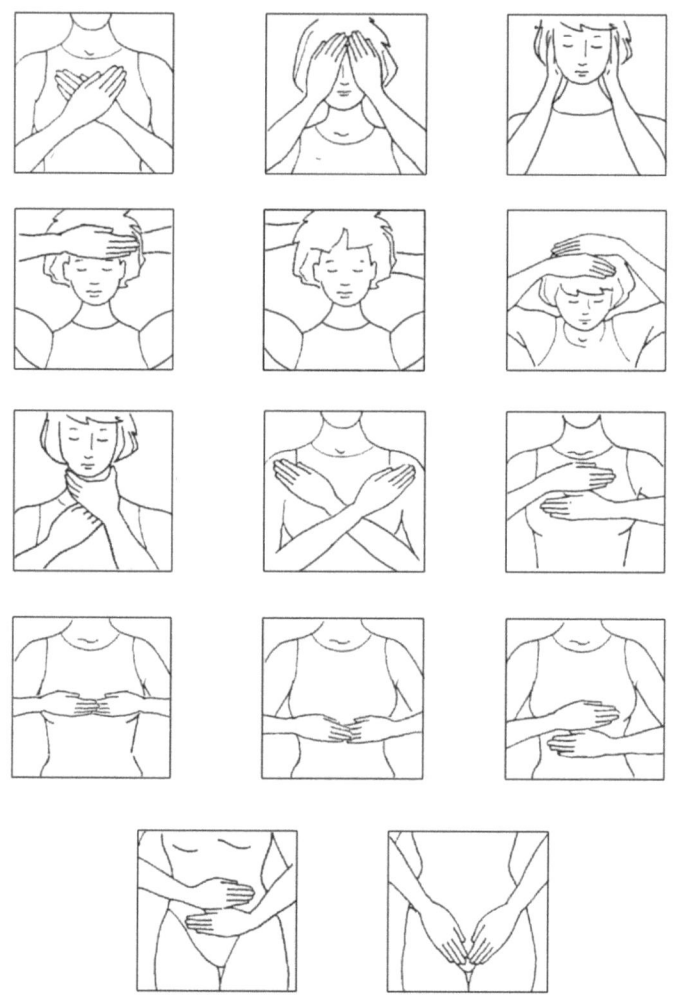

Il trattamento completo

Il trattamento completo è la sessione di trattamento estesa su terzi. Dura mediamente dai trenta a quarantacinque minuti e ogni posizione va tenuta tre minuti, o quanto necessario a seconda delle sensazioni.

Parte anteriore mantenere ogni posizione per tre minuti:

Fare sdraiare il soggetto supino.

Centratura.

Mettere le mani sulle cisterne linfatiche all'altezza delle ascelle, si chiede il nome e cognome del ricevente.

Le mani ai lati del naso si toccano sulla fronte e coprono gli occhi. Evitare di premere direttamente sul naso. Utile per i problemi oculari, sinusite, allergie, stress. Ipofisi, ghiandola pineale (non voglio vedere).

Chakra interessato: 7°.

Mani sulle tempie a contatto con le orecchie. Utile per emicrania, problemi dell'orecchio, ansia, stress.

Problemi specifici degli organi dell'udito (non voglio sentire la mia voce interiore o le altre persone).

Mani a coppa sotto la parte posteriore del cranio, la punta delle dita tocca la nuca. Cervelletto, epifisi; utile per stress, esaurimento nervoso.

Una mano resta sotto la nuca, l'altra si posa sulla fronte. La consigliamo perché si trattano l'ipofisi e l'epifisi contemporaneamente.

Mani a contatto sulla sommità del capo. Cervello, ipofisi; utile per cefalee. Chakra interessato: 8°.

Mani parzialmente sovrapposte sulla gola, sfiorandola senza appoggiare. Utile per tonsillite e altre infezioni, rabbia inespressa, espressione creativa repressa. Ghiandola tiroide. Chakra interessato: 6°.

A questo punto l'operatore può scegliere in base alla situazione ed alle proprie sensazioni uno dei due metodi che seguono. È comunque possibile, una volta acquisita una sufficiente esperienza, passare dall'uno all'altro nel corso del trattamento.

1° metodo: è preferibile scegliere questo sistema trattando in più operatori un singolo soggetto.

Mani a 'V' dalle clavicole verso lo sterno. Ghiandola tiroide, pressione sanguigna troppo alta o bassa.

Passare quindi di lato senza perdere il contatto con il soggetto. Mani a contatto, entrambe sul lato destro, una sul seno e l'altra sotto il seno. Polmoni, fegato, cistifellea. Chakra interessato: 5°.

Mani a contatto entrambe sul lato sinistro una sul seno e l'altra sotto il seno. Polmoni, milza, pancreas, parte dello stomaco. È importante trattare la milza in caso di AIDS, leucemia, anemia, influenza.

Mani a contatto, una sullo stomaco l'altra sull'ombelico. Plesso solare, stomaco, pancreas; utile per diabete, intestino, shock, depressione. Chakra interessati: 3° e 4°.

Posizione supplementare: se il soggetto è molto alto o se vi sono problematiche relative al sistema digerente eseguire un'altra posizione, simile alla precedente, più in basso. In questo caso si suddivide in due momenti la posizione, prima si posizionano le due mani dal plesso solare all'ombelico e dopo dall'ombelico al pube.

Le mani posizionate a 'V" si toccano al vertice, che appoggia sulla parte iniziale dell'osso pubico. Intestino, ovaie, vescica, utero; utile per carenza di energie, eccessiva stanchezza. Chakra interessati: 1° e 2°.

Posizione a 'T". Una mano appoggia sullo sterno, l'altra si sovrappone perpendicolarmente sulle dita della prima fino a toccarne il pollice. Cuore, timo, polmoni; utile per bronchiti, depressione, sentimenti inespressi. Chakra interessato: 5°.

2° metodo:

Mani a "V" sulle clavicole verso lo sterno. Ghiandola tiroide, pressione sanguigna troppo alta o bassa.

L'operatore passa a lato del soggetto senza perdere il contatto. Mani contemporaneamente sui seni. Utile per anomalie patogene del seno. In caso d'intervento chirurgico, trattare anche l'ascella. Polmoni. Chakra interessato: 5°.

Mani allineate su fegato e milza. Le altre posizioni sono uguali al primo metodo.

Invitate il soggetto a girarsi "a pancia in giù" senza aprire gli occhi, ed invitatelo a sistemarsi comodamente, muovendosi sempre in modo molto dolce e lento.

Mani allineate sulle spalle, ai lati della spina dorsale. Utile per stress, tensione eccessiva, cefalee, dolori e rigidità del collo.

Mani all'altezza delle scapole. Polmoni.

Mani all'altezza dei reni. Stress eccessivo, processi di disintossicazione.

Mani all'altezza delle anche (supplementare).

Posizione speciale a 'T" alla base della colonna vertebrale. Una mano appoggia sull'osso sacro in corrispondenza del coccige, copritene parzialmente le dita sovrapponendovi perpendicolarmente l'altra mano. Genitali, carenza di energia.

Cavo popliteo: ginocchia.

Piante dei piedi.

Posizione finale:

A) Una mano sul coccige, l'altra si pone tra collo e spalle. Mantenete questa posizione fino a percepire la stessa sensazione in entrambe le mani.

B) Una mano resta al coccige l'altra si sposta lungo la colonna vertebrale lentamente quando si percepisce la stessa sensazione in entrambe le mani. Può richiedere più di tre minuti.

Accarezzamento dell'aura per tre volte dalla testa ai piedi.

Auto-pulizia.

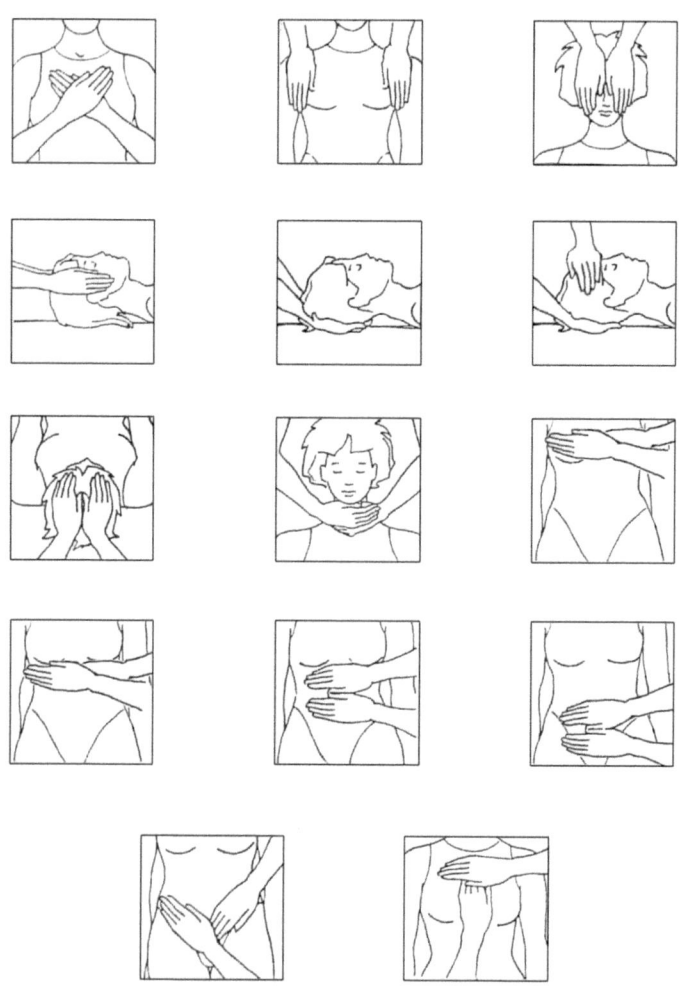

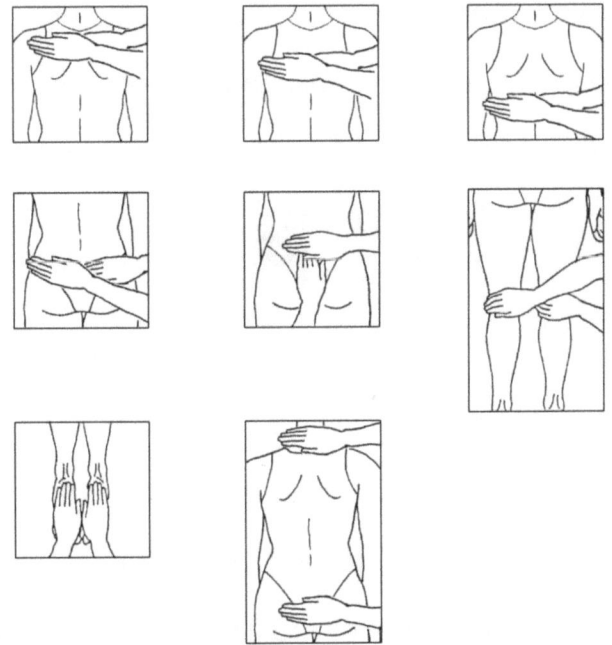

Il trattamento veloce

Questo trattamento si svolge quando non si ha il tempo di eseguire una seduta completa. La persona starà in piedi e voi vi porrete lateralmente passando le mani sulle varie posizioni e tenendole per circa un minuto. Una mano va tenuta dietro il corpo e una davanti, trattando ogni posizione dei chakra.

È possibile utilizzare questa tecnica quando non vi sia lo spazio o il tempo sufficiente per effettuare un trattamento completo. È un sistema comunque utile anche in caso di emergenza.

Centratura.

Stando in piedi dietro il soggetto, ponete entrambe le mani sulle sue spalle per entrare in contatto.

Fate sedere il soggetto. Chiedete il nome e cognome.

Mani a contatto sulla sommità del capo.

Passando a lato, una mano sulla fronte, l'altra alla nuca.

Una mano alla gola, l'altra fra spalle e collo.

Una mano al centro del cuore, l'altra alla stessa altezza sulla schiena.

Una mano all'altezza del plesso solare, l'altra alla stessa altezza sulla schiena.

Una mano sull'ombelico, l'altra alla stessa altezza sulla schiena.

Una mano sul pube l'altra alla stessa altezza sulla schiena.

Una mano sul pube l'altra sotto la sedia.

Accarezzamento dell'aura per tre volte dalla testa ai piedi.

Auto-pulizia.

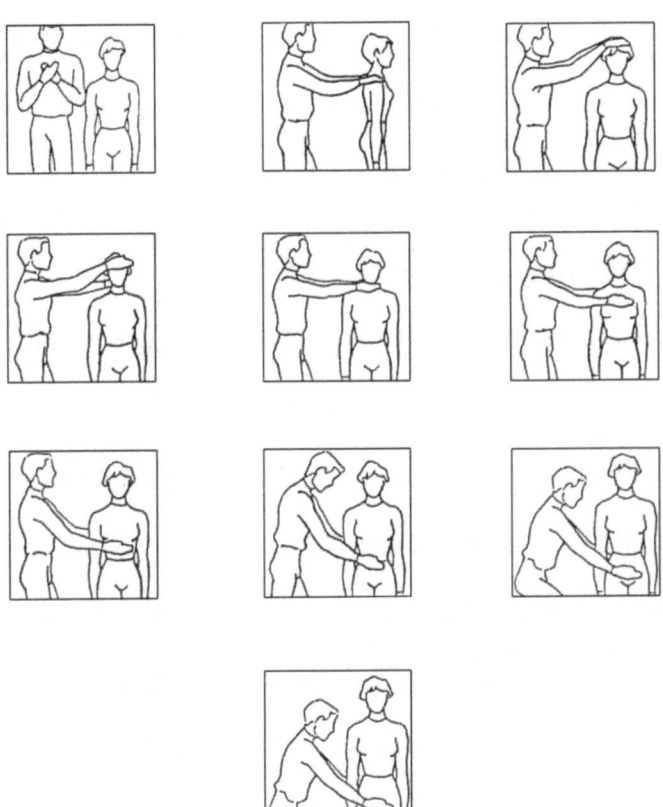

Trattamento su animali e bambini

Utilizzare il Reiki su animali e bambini è particolarmente indicato ed efficace, però ricordatevi che, essendo creature essenzialmente pure, tendono ad assorbire molto più velocemente il Reiki e, con tutta probabilità, non resteranno sotto trattamento per più di un paio di minuti. Inoltre per loro natura, bambini e animali sono molto liberi e vivaci, dunque non rimarranno a lungo.

Trattamento sul cibo e sui medicinali

Il cibo può essere trattato con il Reiki prima di essere cotto o ingerito. L'ideale sarebbe ringraziare il cibo e successivamente infonderlo di energia Reiki. Questo vale come una benedizione sul cibo ed è particolarmente efficace in quanto poi il cibo sarà metabolizzato dall'organismo con maggior facilità. Stesso discorso vale per i medicinali. Non dovete temere che Reiki annulli l'effetto dei medicinali, anzi.

Non solo potenzierà l'effetto di guarigione, ma addirittura ridurrà in modo drastico la dannosità della componente chimica dei farmaci. Il trattamento su cibo e medicinali non dovrebbe essere più lungo di cinque minuti.

Reiki e cristalli

C'è una forte connessione tra il Reiki e la cristalloterapia. Pietre dure e cristalli sono veicoli di energia. Essi amplificano e trasmettono le energie positive e quindi lavorano in perfetta sintonia con il Reiki. Un quarzo jalino o cristallo di rocca può ampliare le capacità terapeutiche del praticante e può anche essere posizionato sotto il lettino utilizzato per le sedute.

A nostro avviso però il cristallo che è maggiormente in sintonia con l'energia Reiki è il quarzo rosa. Questo minerale emette una vibrazione energetica amorevole, interconnessa con il chakra del cuore e aiuta nella guarigione ma soprattutto nella consapevolezza dell'amore divino e dell'unità spirituale. Ovviamente i cristalli prima di essere utilizzati vanno puliti e ricaricati. Quando acquistate un cristallo, esso trattiene le energie e le impressioni psichiche di quanti prima di voi lo hanno toccato e maneggiato. Questo avviene proprio in virtù della straordinaria capacità dei cristalli d'immagazzinare e trasmettere le energie. Un buon metodo per pulire i cristalli è quello di lasciarli una notte immersi in acqua fredda e sale marino. Come praticanti Reiki avete la possibilità di purificarli e caricarli anche mediante l'energia vitale universale.

Per fare questo occorre centrarsi al cuore e trattare il minerale per 5/10 minuti, inviandogli messaggi di luce e amore e visualizzandoli pieni di luce. Spesso ci viene chiesto con quale frequenza sia necessario pulire i cristalli. Il fatto è che non esiste una risposta universale a questa domanda. Dipende da quanto il cristallo stesso viene utilizzato. Se ad esempio il cristallo è molto personale e lo portate con voi durante la giornata bisognerà pulirlo con più frequenza, almeno una volta a settimana.

Le pietre utilizzate durante le sedute Reiki vanno pulite e ricaricate prima di un nuovo trattamento. È fondamentale. Comunque date spazio alla sensibilità. Quando familiarizzerete con l'energia del cristallo saprete da voi quando la pietra necessiterà di una pulizia e di una ricarica.

Carica di altri oggetti

Attraverso il Reiki potete caricare di energia praticamente tutto e tramite questa pratica imprimete nell'oggetto un'intenzione positiva caricata con Reiki. Questo purché siano intenzioni pure e in pieno rispetto del libero arbitrio. E' possibile ad esempio caricare i fazzoletti di energia e imprimere un'intenzione: "Sarò allegro tutta la giornata". Poi i fazzoletti saranno trattati con l'energia Reiki e portati indosso. Avranno funzione talismanica.

La manifestazione con la scatola Reiki

Questo esercizio è utile per co-creare la realtà utilizzando il Reiki. Ponete all'interno di una scatola, dei foglietti di carta, sui quali avrete scritto le cose che intendete veder realizzate nella vostra vita. La forma scritta deve essere chiara e positiva, cioè non deve mai contenere negazioni. Ad esempio:

– Sono felice,

– Sono ricco,

– Riesco a pagare facilmente tutte le bollette.

Non esiste un limite al numero di richieste che potete inserire nella scatola Reiki. Una volta completata la vostra scatola Reiki, chiudetela e cominciate a trattarla con il Reiki da 5 ai 30 minuti al giorno, per un lasso di tempo minimo di 28 giorni (una lunazione). L'ideale sarebbe dare inizio a questo lavoro in luna nuova.

La guarigione planetaria

In quest'epoca è ancor più fondamentale inviare amore ed energia al nostro pianeta terra, squassato da guerre, malattie, inquinamento e sofferenza. La guarigione del pianeta guarirà tutti noi, voi compresi. Reiki è uno strumento meraviglioso per guarire il pianeta.

Mani parallele a distanza di circa 30 cm, porle all'altezza dell'ombelico. Formulare mentalmente l'intenzione "Reiki sta guarendo il pianeta". Visualizzare il globo terrestre all'interno delle proprie mani. Portarlo all'altezza del cuore. Accarezzare il globo. Lasciar fluire l'energia tutto il tempo desiderato. Ringraziare e salutare il pianeta. Scaricare energia/grounding.

Guarigioni Reiki di gruppo

Reiki può essere utilizzato con ancor più benefici se praticato in gruppi. Se si è in almeno due partecipanti, l'energia fluirà con molta più forza e il ricevente, che sia una persona, un animale o il pianeta, godrà di maggior forza guaritrice. Se il gruppo diventa più numeroso allora si parla di cerchi Reiki. Un gruppo di 21 persone può lavorare magnificamente alla guarigione del pianeta.

Trattamento locale

Il Reiki può essere impiegato anche su un'area non indicata nelle posizioni del trattamento standard. È sufficiente posare la mano e lasciar fluire l'energia Reiki. Questo si chiama trattamento locale.

La Meditazione Gassho

Questa forma di meditazione si attua ponendo le mani giunte all'altezza del cuore, le punte degli indici possono toccare il mento mentre la nostra attenzione viene focalizzata al punto di unione delle nostre dita medie dove terminano i meridiani del Cuore.

Le mani congiunte rappresentano l'unione della nostra parte terrena con la nostra parte divina e l'unione della nostra umanità con la divinità suprema.

Si può assumere questa posizione stando seduti per terra o su una sedia: l'importante è che la schiena sia ben dritta.

Gassho può essere praticato prima di ogni trattamento terapeutico ma anche all'inizio di ogni seminario, oppure al mattino al risveglio e alla sera prima del riposo notturno.

Praticando Gassho sperimentiamo uno stato di distacco verso tutti i problemi contingenti che ci accompagnano durante il giorno, permette di separarci dalla nostra individualità per entrare a far parte della totalità dell'uno, di riconoscere la persona che siamo e in ultimo ci dispone a diventare canali energetici puliti e consapevoli.

All'inizio della meditazione è opportuno recitare più volte, silenziosamente, i 5 principi Reiki.

Si congiungono le mani davanti al centro del cuore, in modo che quando si espira dalle narici, le punte delle dita siano delicatamente sfiorate dal soffio durante la meditazione, inspirando va mantenuta la lingua contro il palato, lasciandola poi ricadere nella fase dell'espirazione. In tal modo si completa il circolo dell'energia nel corpo e nella mente.

Chiudere gli occhi, sedersi in posizione rilassata mantenendo la schiena dritta.

Integriamo la meditazione con la tecnica della respirazione di Usui Sensei chiamata Jyoshin Kokyu Ho. Consiste nel visualizzare separatamente o contemporaneamente il grande e il piccolo circuito di energia.

Il grande circuito energetico: si inspira attraverso il naso e si visualizza una grande luce dorata che penetra attraverso il chakra della corona e percorre insieme all'aria inspirata tutta la colonna vertebrale (sushumna) fino ad arrivare al secondo chakra, poi aria e luce dorata risalgono fino al quinto chakra, qui si dividono in due rami che si portano fino alle mani. Si espira l'aria attraverso la bocca e s'invia energia dalle mani alla zona del corpo che vogliamo trattare.

Il piccolo circuito energetico: origina dalle punte delle dita medie e si porta fino al sesto chakra, quindi arriva al cuore e si porta di nuovo alla punta delle dita medie. In questo modo connette insieme mani – cuore – mente.

Programma di un seminario di primo livello

Cos'è il Reiki: significato, origine e basi scientifiche

Caratteristiche fondamentali del Reiki, risonanza

Storia del Reiki

I Principi e regole di Reiki

Prima Cerimonia di Attivazione

Trattamento Reiki di Equilibratura dei Chakra

La Teoria dei Chakra e gli Stadi di Evoluzione della Coscienza

L'Aura

Seconda Cerimonia di Attivazione

Esplorazione dei Chakra

Visualizzazione Guidata sui Chakra

Autotrattamento Reiki

Terza Cerimonia di Attivazione

Trattamento Reiki di Base

Quarta e ultima Cerimonia di Attivazione

Cerchio di condivisione finale

Feed-back e domande da parte dei partecipanti

Secondo livello Reiki (mentale)

Con il secondo livello si entra nell'energia, ad esso si accede solo dopo alcuni mesi dal primo livello e solo dopo avere sperimentato ed usato il primo livello, per un certo periodo di tempo. Questo livello è la risposta alla richiesta interiore di maggiore crescita e consapevolezza e soddisfa l'esigenza di raggiungere la propria pienezza al di là della logica della mente.

Lo sviluppo e l'espressione matura dei talenti, proietta il proprio intento al di là delle illusorie distanze di spazio e tempo. Si viene armonizzati a tre potenti simboli cosmici, si impara l'uso cosciente della propria capacità immaginativa e l'uso strategico del pensiero positivo. Vi è un ulteriore salto vibrazionale e si realizza un incremento della consapevolezza di connessione.

Durante il seminario di secondo livello Reiki ogni partecipante riceve dal Maestro un'iniziazione e tre simboli che gli consentono di effettuare i trattamenti a distanza, che rappresentano la "chiave" per superare le barriere spazio/tempo. I tre simboli con le relative frasi abbinate, oltre a potenziare il primo livello con la forza mentale, permettono di metterci in contatto con noi stessi e con chi stiamo trattando. Per questo il secondo livello viene chiamato "mentale".

- Al 1° simbolo è legata la frase **ChoKuRei** che significa **"Energia Universale vieni qui".** È il simbolo che, tracciato e pronunciato, diventa il sigillo delle tecniche mentali.

- Al 2° simbolo è legata la frase **SeiHeKi** che significa **"Io ho la chiave",** questo simbolo tracciato e pronunciato, rappresenta la chiave per il contatto mentale tra chi manda e chi riceve Reiki.

- Al 3° simbolo è legata la frase **HonShaZeShoNen** che **significa "L'energia che è in me entra in contatto con l'energia che è in te".** Tracciato e pronunciato, questo simbolo supera le barriere spazio/tempo e ci collega ovunque nel tempo. Con il secondo livello è possibile trattare a distanza sia le persone che le situazioni di vita karmiche.

Con L'armonizzazione al secondo livello si riceve l'attivazione a tre particolari "chiavi energetiche", i simboli del secondo livello, e si apprendono le tecniche di base per il loro utilizzo.

Nel quadro generale del processo di guarigione costituito dal Reiki, il secondo livello corrisponde al piano mentale, speculativo, sia dell'uomo che della realtà che lo circonda. Il primo livello corrisponde al corpo. Solo un corpo che sia il più possibile in ordine lascia la mente libera di fare le sue elaborazioni. Il primo livello mira proprio a ripristinare l'equilibrio fisico fondamentale, a rimuovere tutti i blocchi energetici che si sono cristallizzati in anni di vita sregolata e disordinata. La dimensione della mente è complementare a quella fisica.

Con l'armonizzazione al secondo livello il flusso energetico aumenta sensibilmente. Il Reiki di secondo grado ci permette di incanalare il doppio del flusso di energia permessa dal primo grado, di lavorare in modo più diretto e attivo con essa nonché la capacità di proiezione astrale inviando energia a distanza nello spazio e nel tempo a persone, cose e situazioni senza limiti.

Inoltre, se prima col Reiki di primo grado potevamo incanalare energia solo a livello fisico per mezzo dell'apposizione delle nostre mani su di un qualsiasi corpo lasciandola scorrere libera di andare dove necessitava, ora col secondo grado possiamo anche incanalarla a livello mentale concentrandola su di un qualsiasi dato problema per mezzo dei simboli, il pensiero o affermazioni e della visualizzazione.

Il Reiki di secondo grado potenzia notevolmente le nostre facoltà psichiche, telecinetiche e magnetiche, rendendo più forte il nostro potere personale e la nostra volontà, traendo infiniti vantaggi come individuo e come terapeuta energetico.

Il secondo livello è il più impegnativo e profondo dell'intero percorso Reiki. Scegliere di proseguire il sentiero significa assumersi una più ampia responsabilità, nei propri confronti quanto nei confronti del pianeta e della collettività.

Divenire operatori di secondo livello significa scegliere concretamente di essere uno strumento al servizio dell'aiuto e della guarigione.

Il compito dell'operatore Reiki di secondo livello è raggiungere un elevato grado di purezza interiore, lavorando sui propri blocchi e usando quanto appreso già nel primo livello per eseguire un profondo scavo su di sé, al fine di rimuovere ogni scoria emozionale.

Il lavoro del secondo livello apre le porte alla guarigione a distanza, all'utilizzo dei simboli Reiki e alla guarigione mentale, emozionale e karmica.

Il lavoro del Reiki di secondo livello è mirato al servizio agli altri e va osservato in un'ottica di amore incondizionato e compassionevole servizio.

La centratura nel cuore assicura un'intenzione amorevole. Luce e amore scorrono nel nostro corpo in quantità variabile ma la qualità è invariata. Il Reiki è intelligente. Sa dove andare, come e quando. A chi pratica il Reiki è richiesta solo fiducia. Quando l'intenzione è centrata nel cuore si può inviare Reiki a qualsiasi persona o situazione, se esse non sono pronte per ricevere luce e amore, l'energia si accumula e resta a disposizione. Si può trattare tutto, un'unghia incarnata, il passato, il futuro, le emozioni, il corpo, l'aura, situazioni complesse con più protagonisti, qualsiasi manifestazione della vita ci venga in mente. In termini pratici, basta esprimere, all'interno del processo Reiki e secondo le modalità tracciate di seguito, la volontà di trattare un dato soggetto.

I tempi li decidiamo noi. È bello imparare a prendersi il tempo di cui si ha bisogno. Per quanto ci riguarda un trattamento a distanza appagante può durare una ventina di minuti. Allora ringraziamo e chiudiamo il contatto. Si può fare un trattamento Reiki in qualsiasi momento della giornata e decidere che luce e amore raggiungeranno il soggetto in un tempo dato nel futuro. Si può trattare oggi una situazione che si è già svolta nel passato. Si può sperimentare ripetendo il trattamento per alcuni giorni consecutivi.

Spazio

É bello trovare uno spazio tranquillo, il silenzio... ma il silenzio è dentro di noi e si può inviare uno stupendo trattamento Reiki anche dal treno.

L'uso dei simboli nel secondo livello di Reiki

Siccome gli allievi di Usui facevano fatica ad utilizzare le tecniche contenute nel II livello, questi poco prima di morire introdusse "una scorciatoia" che ha reso facile ed immediato l'uso di tali tecniche: i cosiddetti simboli del Reiki. Vi è un grosso equivoco riguardo ad essi, in quanto nella nostra cultura l'uso dei simboli richiama spesso l'esoterismo: in realtà i simboli del Reiki sono ideogrammi o altri segni diffusissimi in Giappone anche al di fuori del Reiki. Il motivo per cui si chiede ai Reikisti di non divulgarli è quindi unicamente per non creare malintesi. "Ma se sono semplici parole giapponesi, come fanno ad aiutarci

rendendo la tecnica più semplice?" direte forse voi...
In termini psicologici occidentali diremmo che i simboli del Reiki sono simili ad "ancore cinestesiche, visive ed uditive", il cui funzionamento è ben noto anche da noi a partire dagli anni '70 del secolo scorso e che sono largamente usate in psicologia, pubblicità, ecc. Come e perché funzionano viene spiegato diffusamente nel corso di secondo livello di Reiki, basti qui comprendere che Usui aveva bisogno di tre segni grafici associati ad un suono per facilitare i suoi allievi nella pratica e li prese intorno a sé senza sforzarsi né tanto meno inventarli, canalizzarli, ecc.

I simboli – cosa sono, a cosa servono e come si usano
I simboli Reiki sono ideogrammi giapponesi di origine sanscrita riscoperti da Mikao Usui e risalenti ad almeno 2.500 anni fa; vengono rappresentati

psichicamente come figure e suoni (mantra) e sono anche lettere dotate di significato.

Detti simboli, che possedendo caratteristiche psichiche ed energetiche proprie e diverse tra loro servono per chi ne fa ricorso, a potenziare ed a sviluppare di gran lunga i propri intenti mentali, materiali e spirituali legati ad essi, interagendo così in modo più diretto e profondo con l'energia Reiki.

Per poter usufruire di ciascun simbolo durante un qualsiasi training di secondo grado, occorre tracciare idealmente la sua sagoma con la nostra mano su di ogni cosa stiamo trattando oppure visualizzarlo di luce dorata sempre "sull'oggetto" trattato, ripetendo mentalmente il nome del simbolo stesso per tre volte; perciò è molto importante imparare a memoria il nome di ogni simbolo con la figura relativa, per poterli tracciare e utilizzare in modo armonioso ed efficace.

I simboli hanno un effetto energetico, visualizzandoli con la luce d'orata. Sono chiavi cosmiche di invocazione di livello di dimensione più alta, è una forza istintiva, da più fiducia primordiale. La forza viene dal livello cosmico con quale questo simbolo è connesso. Es. Stop => simbolo creato dall'uomo, è caricato, viene usato anche nel Feng Shui contro l'energia negativa dietro la porta d'entrata.

Se sono iniziato nel 2° grado i simboli si trovano nella mia aura. I simboli Reiki sono stati caricati in particolare da sacerdoti e maestri spirituali.

Il significato dei simboli e dei mantra

"Tutto il sistema energetico di Reiki è basato su quattro simboli cosmici o universali. Questi attivano esclusivamente energie vitali universali di tipo olistico. I simboli universali compaiono in tutte le culture evolute. I simboli universali ci portano sempre in contatto con i piani più elevati della coscienza. Essi attivano esclusivamente energia luminosa, un'energia vivente, non statica, irradiante, che manifesta le sue qualità di completezza, come gioia, saggezza, chiarezza o amore universale. Gli esclusivi simboli armonici e universali sui quali si basa Reiki sono, secondo Carl Gustav Jung, 'entità viventi' continuamente in movimento, e nei confronti della nostra psiche possiedono, che ne siamo coscienti o meno, una determinata forza magnetica e un certo effetto."

Andreas Dahlbert così riassume le funzioni dei simboli: "L'uomo ha ricevuto la forma dei simboli in dono da un altro mondo, o da un altro piano, al fine di potersi mettere in contatto con quel mondo, o quel piano."

Con il Reiki ci troviamo nella terza dimensione. Ci sarà un ulteriore livello che è oltre il Master Reiki. Sarà il 4° livello, che si trova in contatto con l'Akasha e si chiamerà il puro stato di coscienza, la cosiddetta realizzazione del Sé.

Che cosa dice l'insegnamento vedico induista riguardo ai mantra? "Un mantra non è una semplice formula, un'invocazione magica o una preghiera: è la personificazione di una divinità specifica. È la divinità stessa. Se uno ripete molte volte il mantra, la potenza della divinità viene in suo aiuto. La forza umana viene così completata con potenza divina."

Oggi molti esoteristi affermano che i mantra sono soltanto delle sillabe che possiedono una certa vibrazione energetica, e non di invocazioni a entità metafisiche. È un tentativo di attribuire a questo argomento un'apparenza scientifica.

Ma perfino Maharishi Mahesh Yogi, il fondatore della Meditazione Trascendentale, in una delle sue prime opere scritta in India, che oggi è stata provvidenzialmente eliminata dalla circolazione, mette l'accento sul fatto che, quando ripetiamo regolarmente un mantra, "richiamiamo una risposta da un altro mondo, richiamiamo l'attenzione degli dei, o entità superiori, che si trovano là." Egli aggiunge ancora: "Tutta la scienza dei mantra o degli inni vedici deve servire alla relazione dell'uomo con queste entità superiori e alla loro comprensione." Non ci sono parole più chiare per spiegarlo.

Come si tracciano i simboli

I simboli possono essere tracciati visualizzandoli luminosi oppure con l'indice, con il palmo della mano, congiungendo indice e pollice con il movimento degli occhi o tracciandoli con la lingua sul palato. Oppure pronunciandone come un mantra i nomi.

In molti attraverso gli anni hanno voluto "spiegare" il significato dei simboli usati nell'iniziazione di secondo livello del Reiki ma senza conoscerne il reale simbolismo. I simboli che vengono presentati per la seconda iniziazione Reiki sono solitamente tre (anche se i simboli nel Reiki sono molti di più, a seconda della scuola di appartenenza o della comprensione dell'uso dei simboli nei trattamenti Reiki):

Cho Ku Rei

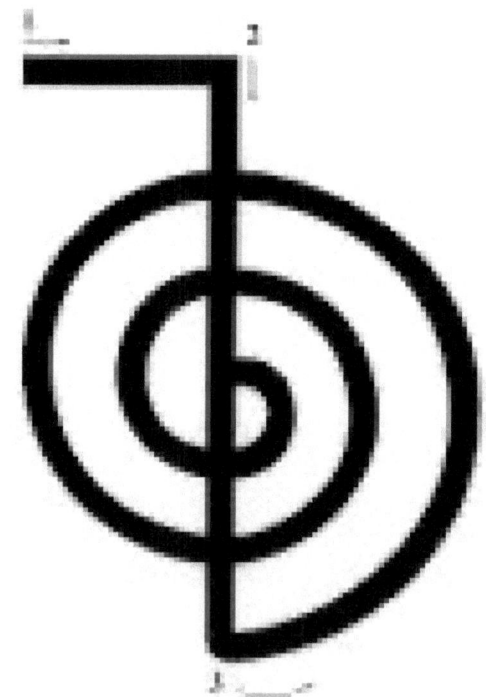

È il simbolo che attiva l'energia e aumenta il flusso Reiki. Significa letteralmente "Tutta l'energia qui" e va utilizzato all'inizio e alla fine di ogni seduta. Questo simbolo ha molteplici funzioni e potenzialità. Porta energia laddove manca e dissolve le energie pesanti. Cho Ku Rei accumula energia ed è il fissatore di tutti i successivi simboli. Deve essere visualizzato luminoso. Può essere utilizzato per pulire energeticamente stanze, tracciandolo su ogni parete, sul soffitto, sul pavimento per 3 volte, ripetendone il nome a voce. Elimina energie negative e presenze astrali. Va utilizzato anche in luoghi dove sono avvenuti litigi, conflitti e incomprensioni, dove sono presenti persone ammalate o sofferenti, in luoghi di cura come ospedali ecc... Si può anche tracciarlo luminoso sul soffitto e visualizzarlo mentre scende sulla stanza purificando ed energizzando tutta l'area. Può essere anche utilizzato per ridare energia a persone stanche, depresse, poco equilibrate, aggressive, animali feriti o aggressivi, piante, cibo, acqua, medicine, tessuti, semi, regali, biglietti augurali, cristalli, automobili, oggetti non funzionanti. Nel trattamento fisico il simbolo va tracciato luminoso ad ogni posizione per tre volte, pronunciando il nome del simbolo mentalmente o vocalmente.

Questo simbolo viene identificato nel richiamo della forza ed energia, per concentrare la forza spirituale che tratterà il malato o chi ha bisogno, in un dato punto del corpo, spirituale o fisico. Si usa il Choku Rei per aumentare il potere del trattamento dando una direzione all'energia che si trasmette, ma nessuno sa dire perché accada ciò.

Il simbolo Choku Rei è composto da tre grafismi, se vogliamo scomporre il simbolo, composti da una linea orizzontale superiore, una linea verticale che termina in una spirale formata di tre cerchi. La spiegazione del significato del simbolo Choku Rei è: l'energia spirituale che proviene dall'alto (linea orizzontale) discende attraverso me (linea verticale segno di azione attiva e non più passiva) per arrivare a riempire i tre corpi di chi sto curando (la spirale indica una energia o il concetto di espansione che si protrae per i tre corpi (i tre cerchi) che si sviluppano dal centro dell'energia che in quel momento sto donando.

Sei He Ki

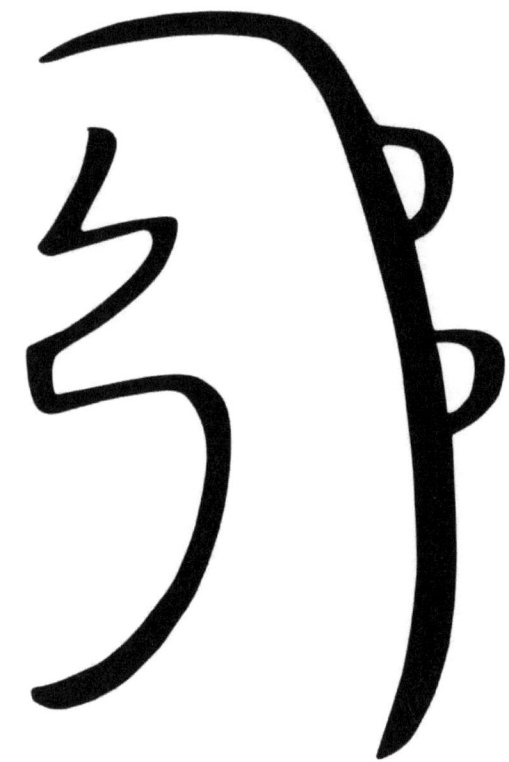

Sei He Ki è il simbolo del trattamento mentale/emozionale ed il suo significato globale è "Io ho la chiave". É utile per ripulire dai pregiudizi, dai vizi e dalle abitudini malate, esorcizzandole. È il simbolo del drago, il guardiano subcosciente, perciò è quello che convoglia alla mente della persona trattata il messaggio di guarigione o un eventuale messaggio specifico che desideriamo inviarle, ricordando che non deve però esserci alcun intento manipolativo. Il simbolo bilancia i corpi mentale ed emotivo portando equilibrio e trasmutando le strutture dualistiche del subconscio. Dirige e focalizza la mente verso il divino. Porta a galla i problemi ed i comportamenti del mentale e dell'emotivo, che possono essere trasmutati da ChoKuRei successivamente. Tradizionalmente è utilizzato per lavorare con le energie mentali ed emozionali, poiché ogni disturbo, anche fisico, ha origine nelle sfere sottili ed interiori. Questo simbolo favorisce la guarigione a ogni livello. Può essere utilizzato in caso di stress, insonnia, esaurimento nervoso, depressioni. Porta a livello conscio i contenuti sotterranei del subconscio.

Questo simbolo Reiki viene riconosciuto per richiamare l'armonia, l'equilibrio, la pace, sciogliere le tensioni, purificare, disintossicare, guarire, tramite la direzione dell'energia Reiki durante il trattamento di cose, animali o persone ma non vi spiegano perché agisca così. Se guardate il simbolo può essere diviso in 5 segni, ovvero, partendo secondo lo schema insegnato per "inciderlo" nell'aura nel trattamento, un fulmine che indica la discesa repentina dell'energia che raggiunge il cuore, la parte alla base del fulmine, così da sbloccare ogni blocco interiore dal suo punto più interiore. Poi si disegna una specie di "gobba sulla destra" che assomiglia alla spina dorsale dalla quale vengono sciolte e fatte "rotolare via" i blocchi interiori, raffigurati dai due ultimi segni che si disegnano su di quest'ultimo per comporre il simbolo Reiki. Come vedete anche i grafismi dei simboli hanno il loro significato.

Hon Sha Ze Sho Nen

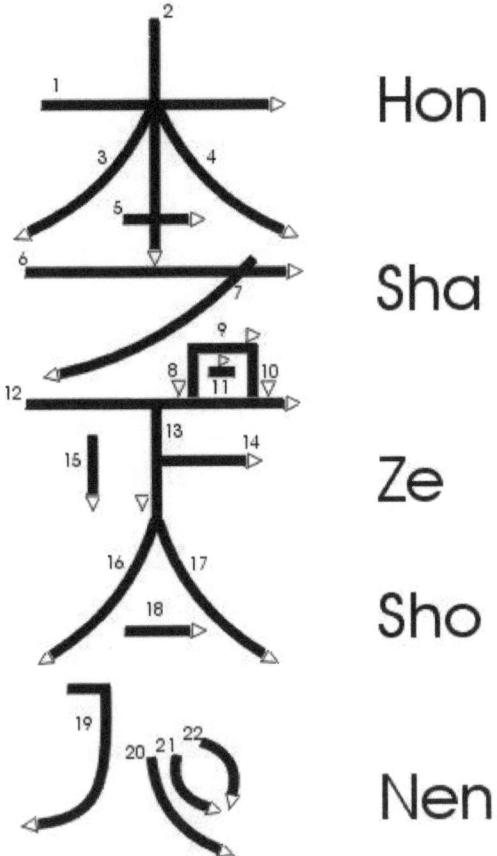

Hon

Sha

Ze

Sho

Nen

Questo è il simbolo della distanza e dell'annullamento del tempo e dello spazio. Tramite esso è possibile connettersi a qualsiasi cosa, passate presente e futura e trattarla con il Reiki. Questo è il simbolo della guarigione a distanza. Il suo significato letterale è "il budda che è in me raggiunge il budda che è in te". Questo simbolo si utilizza per ogni trattamento a distanza e per trattare qualsiasi situazione di natura karmica. È probabilmente il più importante simbolo di secondo livello.

Questo simbolo Reiki richiama unione, unità, connessione, origine, giusta direzione. Proietta la propria coscienza in dimensioni che trascendono i confini della ragione e la limitatezza della percezione ordinaria. In sotanza è come se si chiedesse all'essere interiore di chi si deve curare il permesso di mettere mano nella sua intima essenza per porvi ordine.

Verbalizzazione positiva

Il concetto di "verbalizzazione positiva" indica, nella pratica Reiki, l'uso consapevole del pensiero positivo. Sono ormai noti da decenni in psicologia gli effetti devastanti causati da continue e ripetute autosuggestioni negative quali per esempio: «non capisco mai niente», «non combinerò mai nulla nella vita», ecc....

Formulazioni di questo tipo vengono reiterate senza la consapevolezza dei danni che provocano. Si tratta di pensieri-forma "negativi" che molto spesso hanno avuto origine da altri durante l'infanzia («sei un buono a nulla!!!») e che poi crescendo sono stati interiorizzati, nutriti e sviluppati da noi stessi («sono un buono a nulla!!!»).

Ognuno di noi inconsapevolmente ha dato potere a molti pensieri-forma negativi ignorando persino che ogni pensiero-forma (o elementale) è una vera e propria realtà energetica (Entità oscure). Diventa importante dunque "ristrutturare" il nostro linguaggio (anche a livello di pensiero) quando ci accorgiamo di questa presenza subdola e ostile.

Parimenti, in quanto canali Reiki, è importante che il nostro intento di portare amore, consapevolezza e guarigione venga espresso secondo una formulazione positiva.

Il pensiero e la visualizzazione creano, in altri piani dell'esistenza (noi siamo Esseri multidimensionali), realtà altrettanto reali di quelle riconosciute nel nostro piano di percezione ordinaria.

Durante gli autotrattamenti o i trattamenti ad altri è utile pronunciare con convinzione frasi positive che riguardano sia aspetti generali sia aspetti particolari. Per esempio

- l'Energia Universale d'Amore del Reiki fluisce in me per portare pace ed armonia, guarigione e salute;

- concedo sempre più spazio all'amore che è in me, mi apro al sentire e all'energia, dico sì a tutti i miei sentimenti, mi accetto con fiducia;

- l'energia fluisce direttamente nella mia caviglia destra, i tessuti si sgonfiano, il dolore si scioglie, la mia caviglia sta guarendo nel più breve tempo e nel miglior modo possibile;

- l'energia Reiki accelera rapidamente la guarigione della ferita alla gamba, la mia gamba sta sempre meglio.

A ognuna di queste formulazioni si può aggiungere il potere amplificante-rinforzante del 1° simbolo ChokuRei (sia come disegno che come pronuncia del mantra).

Conviene sempre e comunque usare una forma linguistica positiva. Se un intento positivo viene espresso attraverso una negazione, come per es. «chiedo all'universo che i denti non ti facciano più male», corriamo il rischio che tale frase si trasformi nel messaggio «chiedo all'universo che i denti ti facciano più male», in quanto le negazioni sono prive di senso nel linguaggio primario (primitivo) dell''inconscio. Meglio allora «chiedo all'universo che i tuoi denti stiano bene», o «che il tuo mal di denti passi rapidamente.

Visualizzazione creativa

Nell'ambito del Reiki, la visualizzazione o la potenza della capacità immaginativa è realtà e non fantasia. Al pari del pensiero, la visualizzazione ha potere strutturante in livelli di realtà esterni alla nostra percezione ordinaria.

I pensieri-forma (sia le visualizzazioni che le verbalizzazioni mentali) possono dunque venire consapevolmente impiegati nei processi di cura e guarigione.

Si può visualizzare il paziente avvolto da una splendente luce e i chakra principali che, riattivati, permettono di far scorrere omogeneamente l'energia in tutto il corpo. Si può visualizzare una azione reattiva nei confronti di una data disarmonia. Si può visualizzare il buon esito della terapia stessa. Il processo di guarigione viene così accelerato di molto.

Il lavoro sull'ego

Come detto in precedenza, scegliere di proseguire il Reiki ed approdare al secondo livello rappresenta un impegno e l'affermazione della volontà di dedicarsi alla guarigione di sé stessi e del prossimo. Proseguire la via Reiki è una decisione da ponderare e riflettere se il voler acquisire ulteriore livello ha a che fare con il proprio ego o con il sincero desiderio di migliorarsi come guaritori. Detto questo il lavoro che possiamo operare da operatori Reiki di secondo livello consiste anche nel lavorare costantemente per rilasciare il sé ombra (ego) sviluppando la connessione con il vero sé. Infatti l'io autentico non è l'io cosciente, la mente conscia che interpreta i segnali del mondo esterno. Quindi il praticante di secondo livello può utilizzare la combinazione Cho Ku Rei e Sei He Ki" per lavorare sul suo ego nelle situazioni che lo richiedono. L'ego va accettato e rilasciato e non combattuto perché diversamente può trasformarsi in un avversario capace di ridurre tutte le nostre energie vitali in una lotta che non ha mai fine.

Dopo aver utilizzato e compreso il Reiki a fondo, a volte può nascere l'esigenza di saperne di più, di approfondire la conoscenza di questa disciplina traendone ulteriori benefici. In questo caso si può accedere al II livello, dopo un breve colloquio con l'insegnante. Consigliamo comunque di lasciar passare almeno sei mesi dal I livello: spesso le persone aspettano anni.

Il corso di secondo livello dura una giornata intera oppure due a dipendenza del numero di partecipanti.

Il secondo livello prevede principalmente la possibilità di aumentare il flusso energetico, di fare Reiki a distanza (cioè senza dover toccare l'oggetto del trattamento Reiki) e di praticare il cosiddetto Reiki mentale, che agisce direttamente sul piano psicologico-emotivo e quindi ad un livello più profondo di quello fisico.

La bellezza del II livello sta a nostro avviso nelle infinite combinazioni di queste tre modalità, che ampliano di molto il campo delle applicazioni (permettendo ad esempio di curare traumi psicologici del passato, situazioni stressanti, ecc.) e che ci possono davvero cambiare la vita.

Il trattamento di secondo livello

Grazie ai simboli acquisiti nel secondo livello è possibile eseguire trattamenti diretti applicando insieme alle mani i simboli Reiki appropriati. Il simbolo del potere ChoKuRei può essere utilizzato per potenziare qualsiasi area problematica. Si procederà come da istruzioni di primo livello applicando il simbolo ChoKuRei ad ogni cambio di posizione.

Il Reiki pranico e l'energia colorata

Il Reiki pranico è la tecnica secondo la quale il Reiki viene lasciato fluire senza un particolare indirizzo. Si esegue la centratura al cuore e si utilizzano le mani come se fossero dei fari di luce. A questa tecnica si associa l'utilizzo del prana colore, o KI colore, che può essere utile per lavorare su alcuni centri o per trasmettere al ricevente un particolare spettro dell'energia. L'energia colorata va visualizzata immaginandola fuoriuscire dalle palme delle mani. Può anche essere verbalizzata, es: Ki rosso e poi visualizzata.

I principali colori

Bianco: energia vitale universale, purezza, guarigione, la somma di tutti i colori, purificazione, ricarica.

Viola: stesse funzioni del bianco, con aggiunta forte carica di pulizia e di trasformazione.

Viola elettrico: come viola ma più efficace nella trasformazione delle energie, soprattutto nelle situazioni emotive/emozionali bloccate o in presenza di forti negatività.

Rosso: carica energetica, è un attivatore. Va usato nelle situazioni dove l'energia fluisce troppo lentamente o dove si rilevano carenze di vitalità.

Giallo: energia armonizzante, si utilizza nelle situazioni di depressione e negli stati emozionali di turbamento.

Verde/Rosa: energia del cuore e dell'amore incondizionato. Vanno utilizzati per lenire stati di sofferenza e mancanza d'amore verso sé stessi. Si utilizza anche per pulire rancori e forti emozioni d'ira e odio. A volte possono essere utilizzati subito dopo il viola elettrico.

Attenzione: mai utilizzare rosso e viola insieme, mai inviare i colori direttamente ai chakra a meno che non siano chakra del colore idoneo.

Guarigione Karmica mediante Reiki

Nel secondo livello Reiki si estendono le capacità del praticamente e attraverso il lavoro sulle emozioni e sulla sfera emozionale è possibile esterne l'azione anche a livello karmico. Il secondo livello è un livello di ricerca interiore, il praticante va incontro al consolidamento della sua figura di guarigione e pertanto andrà a lavorare prima su sé stesso per rimuovere i propri blocchi localizzati a livello emozionale e successivamente sugli altri. Il Reiki, a questo livello, si rivela uno strumento davvero potente per lavorare sui fardelli che ci trasciniamo di esistenza in esistenza, o che abbiamo creato in questa vita. Se nel primo livello l'applicazione è più pratica e fisica, nel secondo livello l'azione si estende anche sui livelli emozionali e sottili. Infatti scopriamo che il tempo non esiste e in buona sostanza attraverso il secondo simbolo Reiki di secondo livello (Hon Sha Zen Sho Nen) è possibile connettersi ad una vita passata e guarirla con l'energia Reiki.

Il trattamento sulle situazioni ed i nodi karmici possono essere fatti con la seguente combinazione di simboli.

— Cho Ku Rei (Apro l'energia)

— Hon Sha Ze Sho Nen (Apro la connessione con il punto da cui origina il karma da pulire)

— Sei He Ki (Rimuovo il blocco e ripristino l'armonia)

— Cho Ku Rei (Benedizione e chiusura).

Il trattamento fisico a distanza

É possibile agire attraverso lo spazio e il tempo per inviare guarigione a soggetti fisicamente distanti. Questo è possibile mediante il simbolo della distanza HON SHA ZE SHO NEN. Esso apre un collegamento eterico tra l'operatore Reiki ed il soggetto che riceverà la guarigione. Il procedimento è piuttosto semplice, si fa la centratura al cuore e poi si traccia il **ChoKuRei**, per attivare, poi **HonShaZeShoNen** per aprire il collegamento pronunciando il nome e visualizzando la persona in modo olografico. Si procede al trattamento visualizzando l'ologramma della persona tra le proprie mani, oppure di fronte. Si chiude la seduta ringraziando e tracciando il **ChoKuRei**.

Il trattamento mentale a distanza

Analogamente a quanto detto sopra è possibile eseguire il trattamento mentale, psichico ed emozionale a distanza aprendo un canale con **HonSha**

ZeShoNen e andando a trattare il soggetto con il simbolo emozionale **SeiHeKi**. Si opererà la centratura al cuore, successivamente si utilizzerà **ChoKuRei** per attivare, **HonShaZeShoNen** per connettersi al soggetto, pronunciando nome e visualizzandolo e poi **SeiHeKi** per trattare la sfera emozionale, esprimendo l'intenzione di pulire e ri-equilibrare una determinata area. Si chiude con **ChoKuRei**.

Trattamento a distanza veloce

Si può fare anche il trattamento a distanza mettendo la persona in una bolla di luce e posizionare le mani verso la bolla con ChoKuRei. La stessa cosa vale se si fa Reiki ad un gruppo di persone che si mettono tutte nella bolla di luce più grande. Si può usare anche una foto della persona o animale che si vuole guarire e canalizzare sulla foto l'energia Reiki.

Il lavoro sull'ego

Come detto in precedenza, scegliere di proseguire il Reiki ed approdare al secondo livello rappresenta un impegno e l'affermazione della volontà di dedicarsi alla guarigione di sé stessi e del prossimo. Proseguire la via del Reiki è una decisione da ponderare, e riflettere se il voler acquisire ulteriori livelli ha a che fare con il proprio ego o con il sincero desiderio di migliorarsi come guaritori. Detto questo il lavoro che possiamo operare da operatori Reiki di secondo livello consiste anche nel lavorare costantemente per rilasciare il sé ombra (ego) sviluppando la connessione con il vero Sé. Infatti l'io autentico non è l'io cosciente, la mente conscia che interpreta i segnali del mondo esterno. Quindi il praticante di secondo livello può utilizzare la combinazione Cho Ku Rei e Sei He Ki per lavorare sul suo Ego nelle situazioni che lo richiedono. L'ego va accettato e rilasciato e non combattuto, perché diversamente può trasformarsi in un avversario capace di ridurre tutte le nostre energie vitali, in una lotta che non ha mai fine.

Dissolvimento dei blocchi energetici

In aree in cui vengono rilevati blocchi energetici essi possono essere facilmente dissolti applicando in sequenza: ChoKuRei – SeiHeKi – ChoKuRei, focalizzando la volontà sul dissolvimento del blocco.

Purificazione degli ambienti

Possiamo pulire ambienti invocando le benedizioni Reiki e tracciando ChoKuRei e SeiHeKi nelle stanze, sulle pareti, terra e soffitto.

Bagni di luce

È possibile sottoporre sé stessi e gli altri a veri e propri bagni di luce rigeneranti e curativa visualizzando una sfera di pura luce bianca fluttuante sulla testa e tracciando o inviando a essa i simboli Reiki.

Beaming

La tecnica del Beaming consiste nel tracciare il ChoKuRei (visualizzandolo) sul proprio palmo, e porsi a distanza dal soggetto inviando un fascio di luce all'aura del soggetto da trattare. Questo permette il caricamento aurico del soggetto e la pulizia dell'aura da parassiti e forme-pensiero. Il raggio può essere bianco o colorato.

Autotrattamento a distanza

Puoi trattare te stesso visualizzandoti olograficamente utilizzando i simboli Reiki. ChoKuRei per attivare il potere, HonShaZeShoNen per la connessione, e SeiHeKi per rimuovere i blocchi energetici/emozionali.

Armonizzazione dei chakra

I Chakra in disarmonia possono essere armonizzati combinando ChoKuRei e SeiHeKi.

Trattamento sulla causa del problema

Se un blocco energetico è dovuto ad un trauma del passato, di questa vita o un'altra potete trattarlo connettendovi tramite spazio-tempo all'origine del problema e curarlo prima che si verifichi la disfunzione. Questo si può fare combinando ChoKuRei e HonShaZeShoNen. Formulando l'intento di connettersi all'origine del problema e procedendo poi con il classico trattamento.

Il trattamento delle situazioni

Le situazioni possono essere trattate come qualsiasi altra cosa. Ad esempio situazioni problematiche che devono essere sbloccate, oppure cose che desideriamo si manifestino nella nostra vita. Possiamo inviare Reiki a queste situazioni usando ChoKuRei, HonShaZeShoNen per connettersi alla situazione e SeiHeKi.

Metti le mani con i palmi rivolti avanti. Immagina te stessa e la persona con la quale vorresti fare pace in una bolla di grande luce. Disegna i simboli fuori dalla bolla come segue: ChoKuRei, HonShaZeShoNen, ChoKuRei. Porta la bolla di luce in mezzo alle tue mani e immagina ChoKuRei sotto le tue mani nella bolla di luce. Dici la seguente frase mentalmente tre volte: "Tutta l'energia negativa che c'è tra il nome della persona e me è guarita e si trasforma in amore e luce". Canalizza Reiki nella bolla fino a quando lo senti. Immagina la bolla di luce, appendila al soffitto e chiedi al Reiki di lavorare dentro la bolla. Al termine riporta la bolla di luce al soffitto.

Il giorno successivo, riprendi la bolla di luce e mettila in mezzo alle tue mani e ripeti la stessa procedura per

21 giorni di fila. Dopo 21 giorni fai dissolvere la bolla. Immaginati che scoppi oppure scompaia.

Pulisce energia negativa dell'infanzia

Immagina te stessa nella bolla di luce. Disegna dentro la bolla tutti i simboli come segue: ChoKuRei, HonShaZeShoNen, ChoKuRei. Dici mentalmente seguente frase: Tutta l'energia negativa che è rimasta con me da quando avevo 7 anni è guarita e trasformata in Luce e Amore. Canalizza Reiki nella bolla di luce fin quando ritieni necessario. Ripeti la procedura come scritto sopra.

I prossimi 7 anni possono essere puliti con lo stesso rituale. Tutta la vita può essere pulita ma solo in pacchetti di 7 anni.

Pulire traumi

Immagina te stessa come una persona felice dentro la bolla di luce. La procedura è uguale come sopra con la seguente frase: tutta l'energia negativa che c'è ancora in me (pensa ad una situazione/trauma passato, se sai esattamente l'anno o la data dillo) viene guarita e trasformata in luce e amore. Canalizza Reiki e riprendi la procedura di sopra.

Per eventi futuri

Per eventi importanti come esami, interviste, appuntamenti, metti te stessa nella bolla di luce, disegna i simboli come sopra nella bolla e ripeti per tre volte: tutto andrà da bene in meglio. Canalizza Reiki e riprendi la procedura di sopra.

Programma di un seminario di secondo livello

Esercizio di Radicamento

Chiudi gli occhi e immagina di essere davanti al tuo albero preferito. Avvicinati e abbraccialo. Senti l'energia che dal tronco scende lungo le radici. Scendi sempre più in profondità nell'amata Madre Terra. Quando sarai arrivato al centro della Terra, inizia a risalire. Arrivato al tronco dell'albero, lascia piano piano l'abbraccio. Allontanati dall'amato albero. Inchinati fino a terra per ringraziarlo e infine apri gli occhi.

Teoria: spiegare il secondo livello

1° Iniziazione del primo simbolo ChoKuRei

Spiegare il simbolo ChoKuRei

*Meditazione del ChoKuRei

Condividere l'esperienza

Il Rituale della protezione con ChoKuRei (visualizzare il simbolo davanti, a sinistra, dietro, a destra, sotto, sopra e in fine dentro di me) **da fare sempre prima di ogni trattamento.**

Meditazione Tantrica

Respirazione e mani sui corrispettivi chakra con ChoKuRei, in fine dire l'affermazione per tre volte "Tutta l'energia negativa che c'è ne 1° chakra ... viene ripulita e trasformata in Luce e Amore, visualizzare rispettivi colori." Alla fine dire questa affermazione: "L'Energia Universale d'Amore del Reiki fluisce in me per portare pace ed armonia, guarigione e salute".

2° Iniziazione del secondo simbolo SeiHeKi

Spiegazione del simbolo SeiHeKi

*Meditazione con il simbolo SeiHeKi

Il Rituale di pulizia della casa con ChoKuRei e SeiHeKi

(visualizzare i simboli negli angoli delle stanze andando in antiorario, poi sotto e sopra il pavimento e infine in mezzo alla stanza).

Condividere l'esperienza.

Meditazione sul KI

Rilassarsi e centrarsi (grounding). Fare diversi respiri completi e profondi, inspirando dal naso ed espirando dalla bocca. Spostare lentamente la propria consapevolezza nell'area del chakra posto 2 cm sotto l'ombelico (tan tien). Immaginare questo centro energetico rosso/arancio espandersi fino a divenire grande quanto una sfera di 30 cm. Ora immaginare di assorbire l'energia KI dall'universo, formulando l'intenzione che non venga tolta a nessuna creatura vivente. Percepire l'energia che viene assorbita dal chakra come un vortice e sentite il chakra riempirsi di luce ed energia. Quando sentite di essere completamente carichi di energia, spostate quest'energia lungo la linea HARA (linea dei chakra) e distribuite questa forza in ogni parte del corpo. Al termine fate un respiro profondo e poi radicatevi (grounding).

3° Iniziazione del terzo simboloHonShaZeShoNen

Spiegare il simbolo HonShaZeShoNen

*Meditazione con HonShaZeShoNen

Condividere l'esperienza

*Meditazione per tutti i simboli

Portare le mani in avanti con i palmi delle mani verso avanti e disegnare con tutte le due indici il simbolo sul foglio, poi nello spazio e vederlo come un simbolo di luce. Dire insieme per tre volte a voce alta l'invocazione. Il simbolo si avvicina lentamente con la propria velocità, verso di te più vicino che può, sempre di più, di più, di più, molto vicino a te. Apriti e fai entrare il simbolo dentro di te, entra in fusione con esso, diventa uno con esso, sii il simbolo.

Qualsiasi esperienza, emozione o sentimento che provi accettalo totalmente. Rimani per un momento in questa meditazione, apri gli occhi e lascia scendere le mani.

Trattamento completo con i simboli.

Trattamento di gruppo intuitivo: tutti contemporaneamente cambiano posizione lavorando con ChoKuRei e SeiHeKi.

Trattamenti a distanza.

Meditazione sull'espansione di coscienza e la percezione della vita intorno a noi

Rilassarsi e centrarsi. Fare diversi respiri completi e profondi, inspirando dal naso ed espirando dalla bocca. Spostare lentamente la propria consapevolezza intorno al corpo fisico, a circa 1 cm. Percepite quell'area. Poi lentamente espandete questo campo di consapevolezza a circa 30 cm dal corpo fisico. Percepite quell'area. Poi lentamente espandete la consapevolezza a 2 metri dal corpo fisico. Percepite quell'area. Poi lentamente espandete la consapevolezza a tutta la stanza e poi alla casa in cui vi trovate. Diventate consapevoli della presenza di milioni di micro-organismi intorno a voi. Poi lentamente espandete la consapevolezza all'esterno, nella vostra strada, poi nella città, nel paese, nello stato, nell'intero pianeta, nel sistema solare, nella galassia, nell'universo. Oltre l'universo, oltre ogni universo, oltre ogni soglia di percezione. Nel tutto.

Mentre lentamente fate queste esperienze divenite consapevoli via via della vita nella strada, nel quartiere, nella città, nello stato, nel pianeta, nel sistema solare, nella galassia, nell'universo e così via.

Restate in questo stato di consapevolezza con questa affermazione: **"Che tutte le situazioni negative nell'universo possano trasformarsi in Luce e Amore".**

Quando volete tornare, riportate questa consapevolezza dentro il vostro cuore, fissando ogni forma di vita in voi, nella consapevolezza che in realtà tutto è UNO. Al termine, fate un respiro profondo, aprite gli occhi e radicatevi (grounding).

Il livello del Master (spirituale)

Il terzo livello è quello definito "spirituale", al quale si accede per diventare Maestro Reiki e con cui si entra coscientemente in sintonia con la propria "parte spirituale". Il 3° livello Reiki ci permette di apprendere le tecniche e la metodologia per trasmettere agli altri l'insegnamento della disciplina del Reiki, è un percorso qualitativo importante e un percorso spirituale elevato che richiede particolare impegno.

A questo livello pervengono solo coloro che sentono il Reiki come loro missione, come servizio, come dedizione all'insegnamento per la diffusione di questa tecnica. Il percorso di Master Reiki è rivolto a coloro che sono intenzionati a tenere dei seminari Reiki e a conoscere le modalità di attivazione per iniziare altre persone al Reiki. Praticamente, a fare dell'insegnamento Reiki il proprio modo di vita, ovvero, un percorso di sostegno e di crescita per sé stessi e gli altri e una delicata e importante scelta di vita colma di responsabilità.

Con il terzo livello si riceve l'attivazione al quarto simbolo Reiki. Il quarto simbolo sviluppa il processo di riconoscimento e realizzazione del proprio maestro interiore. Questo richiede una pratica assidua dei corsi di primo e secondo livello per integrare a fondo le potenzialità insite in Reiki e per continuare il processo di crescita ed evoluzione personale. Il terzo livello è il livello di Master, in cui ci si predispone a diventare un Maestro di Reiki del Metodo Usui.

Il simbolo del Maestro del Reiki Dai Ko Myo (Usui): Luce e Silenzio

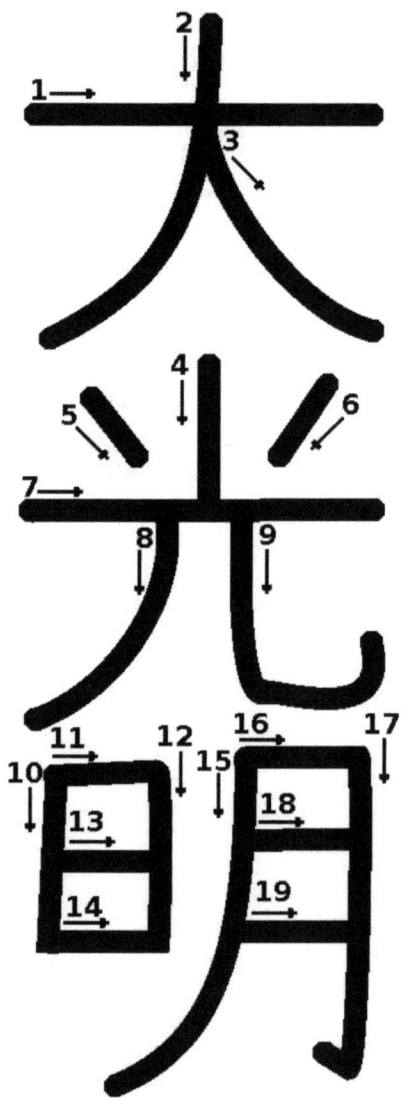

Il quarto simbolo sviluppa il processo di riconoscimento, l'incontro e realizzazione del proprio 'Maestro interiore', è il cuore stesso del Reiki, significa: "grande luce splendente", "grande luminoso splendore", "grande illuminazione". Compito del Reikista è proprio di sviluppare la risonanza verso questa vibrazione luminosa e silenziosa: avvicinare la propria vibrazione alla vibrazione della "grande luce splendente", uno stato d'animo di abbandono e contemporaneamente di lucida presenza. Questo richiede una pratica assidua dei corsi di primo e secondo livello per integrare a fondo le potenzialità insite in Reiki e per continuare il processo di crescita ed evoluzione personale.

Questo simbolo del Maestro si utilizza per trasmettere le armonizzazioni e per passare le tutele Reiki. Può anche essere utilizzato prima di ogni trattamento per potenziarne l'efficacia. In tal caso la sequenza dei simboli sarà: Dai Ko Myo - Cho Ku Rei – altri eventuali simboli, e poi alla fine si chiude sempre con Cho Ku Rei. In quanto metodo naturale di risveglio dello spirito, il terzo livello Usui Reiki, attraverso l'iniziazione al simbolo Dai Ko Myo, porta a un ulteriore potentissimo salto vibrazionale.

Dai Ko Myo indica luce, chiarezza, intento, comprensione, presenza, silenzio. È il simbolo usato nelle iniziazioni per armonizzare gli esseri umani all'energia Reiki. Dai Ko Myo apre, illumina e protegge. È luce che nutre e riempie, che guida e rasserena. Dai Ko Myo rappresenta la parte più autentica, viva e presente di tutto il percorso Reiki. Molti Reiki Master insegnano che Dai Ko Myo serve esclusivamente nelle iniziazioni e che non dà alcun ulteriore impulso di crescita al Reikista. La luce del Dai Ko Myo può essere utilizzata per chiarire il proprio cammino, per ri-comprendersi, per penetrare nella propria elevata profondità d'animo, per guidare l'esplorazione verso l'essenza dell'Essere. Dai Ko Myo viene anche utilizzato per trattare sé stessi e gli altri con grande consapevolezza, in un equilibrio dinamico di rilassamento e concentrazione, con silenziosa vivificante presenza. Dai Ko Myo non è un simbolo da "attivare" attraverso l'uso, attraverso il "fare" del secondo livello; Dai Ko Myo è piuttosto uno stato dell'essere e il compito del Reikista è proprio di sviluppare risonanza verso questa vibrazione luminosa e silenziosa: avvicinare la propria vibrazione alla vibrazione della "grande luce splendente". Dai Ko Myo si esprime attraverso un non-fare superiore e più consapevole, uno stato d'animo di abbandono e contemporaneamente di lucida presenza: Dai Ko Myo non si fa, Dai Ko Myo lo si diventa.

Senza il DaiKoMyo non è possibile dare delle iniziazioni.

Dai Ko Myo è Protezione

Usa questo simbolo richiamandone il mantra, visualizzando che la sua energia ti avvolga ed esprimendo l'intento che esso ti protegga contro qualsiasi influsso disarmonico. È anche utile disegnare con la tua mano Dai Ko Myo davanti a te (grande quanto il tuo corpo fisico) e poi entrare in esso avanzando di un passo.

Dai Ko Myo è Purificazione

Ogni volta che lo desideri usa questo simbolo per pulire i tuoi canali del Reiki.

Visualizza attraverso la tua sensibilità psichica (6° chakra) Dai Ko Myo che entra come splendente luce purificante attraverso la corona (7° chakra) e si porta rapidamente fino al 2° chakra (lungo la colonna vertebrale toccando tutti gli altri chakra).

Visualizza che Dai Ko Myo gira intorno al 2° chakra e si riporta rapidamente in alto riattraversando i chakra fino al 5° dove si biforca per dirigersi nei palmi delle mani. Fai compiere all'energia in rapida sequenza questo percorso per 4-5 volte.

Visualizza poi Dai Ko Myo che entra nelle piante dei piedi e si porta, attraversando contemporaneamente entrambe le gambe, fino al 2° chakra, gli ruota intorno e ritorna poi fuori dalle piante dei piedi. Fai compiere all'energia in rapida sequenza questo percorso per 4-5 volte.

Esercizio meditativo con il Mantra Dai Ko Myo

(15-30 minuti)

Preparazione: lavati le mani e togliti l'orologio, anelli, braccialetti e quant'altro possa essere di disturbo; mettiti in posizione seduta con la schiena diritta (o su una sedia o per terra, ma cerca di stare comodo per non essere distratto dal tuo stesso corpo. Centrati sul cuore. Esprimi l'intento (a voce alta o mentalmente) di ricevere la forza della luce del Reiki attraverso il Dai Ko

Myo; crea in te uno stato di calma, rilassamento, umiltà, fiducia e disponibilità. Chiudi gli occhi.

Pronuncia del Mantra Dai Ko Myo a voce alta ad ogni espirazione.

Quando inspiri visualizza l'energia del Dai Ko Myo che entra dal tuo 7° chakra (corona) e va al Tanden (2° chakra). Così facendo crei un circuito energetico attraverso la tua respirazione. Dai Ko Myo è dentro e fuori di te.

Fai questo per 5-10 minuti.

Ascolta nel silenzio l'energia del Dai Ko Myo dentro di te.

Dai Ko Myo si manifesta nel tuo cuore. Crea il vuoto in te, non fare, non pensare, lascia che tutto scorra attraverso l'ascolto accogliente del tuo cuore.

Fai questo per 5-10 minuti.

Esercizio meditativo con Dai Ko Myo per la realizzazione dell'intento

Tieni le tue mani all'altezza del 4°/5° chakra. Tieni le mani distanti ca. 20 cm. l'una dall'altra ed entrambe altrettanto distanti dal tuo corpo. Visualizza (e percepisci energeticamente) una sfera dorata d'energia Reiki tra le tue mani (sfera di potere positivo). In questa sfera disegna o visualizza uno splendente Dai Ko Myo. Visualizza ora che il tuo desiderio si realizza. Crea una sorta di breve film sulla realizzazione del tuo desiderio. Fai questo attraverso la tua sensibilità psichica (6° chakra, o terzo occhio). Poni ora il tuo desiderio che si realizza nella sfera di forza Reiki. Lascia che il tuo desiderio si fonda interamente con l'energia Reiki. Porta ora le tue mani davanti al 6° chakra e imprimi la sfera di energia in te. Visualizza che la sfera con il tuo desiderio entri in te attraverso il 6° chakra e si porti lentamente all'altezza del cuore (4° chakra). Pronuncia per 1 minuto ca. il mantra Dai Ko Myo. Dal tuo cuore cresce la sfera d'energia Reiki con il tuo desiderio che si realizza fino ad avvolgere tutto il tuo corpo. Tutto il tuo essere si fa carico del tuo desiderio puro. Visualizza l'energia potente di realizzazione che cresce ancora di più e si propaga nell'ambiente. Il tuo intento puro dà al tuo desiderio puro, attraverso la forza del Reiki, la capacità di trovare realizzazione. "Chiedi e ti sarà dato." Ricordati che puoi chiedere all'universo tutto ciò che il tuo cuore puro sente. Ringrazia l'universo (l'Uno, lo Spirito, il Creatore, Dio) per le possibilità e per l'amore che ci dà.

Il Sutra del Cuore

Il Sutra del Cuore della Perfezione della Saggezza o Sutra del Cuore (Sanscrito: Sutra significa "discorso"; प्रज्ञापारमिताहृदय Prajñāpāramitā Hṛdaya) è uno dei

Sutra più importanti nella tradizione Zen e più recitati nei monasteri. Il suo messaggio, ridotto ai minimi termini, è: tutto è vuoto, realizzando questa verità interiormente, si è liberi, illuminati, si è al di là dell'illusione.

Il Sutra del Cuore viene recitato non solo nello *Zen,* ma in tutte le tradizioni *buddhiste*, e contiene l'essenza dell'insegnamento del Buddha.

All'interno del Sutra del Cuore, Il Buddha rivela la natura illusoria di tutto ciò che crediamo reale e dotato di un'esistenza indipendente. Insegna il superamento del Samsara, la ruota di nascita sofferenza e morte, e del Nirvana. Poiché tutte le cose sono vuoto, non c'è forma, percezione, impulsi, coscienza; non esistono occhio, orecchio naso, lingua, corpo, intelletto; non esiste colore, voce, olfatto, gusto, tatto, legge; non c'è né il mondo che si vede né il mondo della coscienza, non ci sono tenebre né fine delle tenebre, né vecchiaia né morte, né inesistenza di vecchiaia e di morte.

Questo passo non significa che non esiste nulla e che tutto è vuoto, non è un inno al nichilismo. Il vuoto di cui si parla nello Zen è un pieno di tutto, significa che non esiste nulla che esista da solo come entità propria, ma che tutto è Uno. Quando prendiamo coscienza di questo attraverso lo Zazen e la pratica della costante consapevolezza, realizziamo la nostra unità con l'Universo.

Il Sutra del Cuore termina con l'esortazione a praticare e a risvegliarci, perché per tutti quelli che praticano seriamente è possibile andare all'altra riva. Naturalmente l'altra riva è già dentro di noi. È il nostro risveglio, l'altra faccia della nostra coscienza.

Secondo la tradizione il Buddha "fece girare la ruota del Dharma" (conferì l'insegnamento spirituale) per tre volte, ad ogni "giro" comunicando dottrine più profonde:

- Il primo "giro" è dedicato alle quattro nobili verità: *sofferenza, origine della sofferenza, cessazione della sofferenza e sentiero che conduce alla liberazione.*

- Il secondo è dedicato alla vacuità, e la sua essenza è colta nel *"Sutra del Cuore"*, la Prajnaparamita, che spiega l'assenza di esistenza intrinseca dei fenomeni.

- Il terzo ciclo di insegnamenti venne conferito dal Buddha in diverse località dell'India e codificato in un gruppo di testi chiamati Tantra. A *Dhanyakataka*, nell'India meridionale, vuole la tradizione che un re del regno mistico di *Shambala*, Suchandra, abbia ricevuto l'insegnamento esoterico di Buddha denominato Kalachakratantra: *"il Tantra della Ruota del Tempo".*

La storia racconta che Usui trovò nel suo percorso un tempio Zen, fu accolto e gli fu accordato il permesso di leggere i "Sutra". Proprio nel Sutra del Cuore trovò la formula e i simboli, che riuscì ad interpretare grazie all'aiuto della meditazione e di ventun giorni di digiuno praticati su una montagna sacra del Giappone chiamata monte *Kurama* in Kyoto, dove sentì all'improvviso una grande energia sopra di sé, fu illuminato ed ottenne Reiki.

Il Karma e il Dharma

Karman è una parola sanscrita traducibile semplicemente come "azione" e indica il principio di "causa-effetto", una legge secondo la quale ogni azione umana genera inevitabili conseguenze per sé stessi e per gli altri non solo nella vita presente, ma anche in quelle future.

Oltre che nella civiltà greca e nella tradizione europea, la credenza nella reincarnazione o trasmigrazione delle anime (metempsicosi secondo Platone) è presente in altre aree culturali: il caso più notevole è costituito dal complesso teorico elaborato dall'induismo e dal buddhismo, che fa perno sul concetto di Samsara, il ciclo di nascite e morti, e alle tecniche di liberazione da tale ciclo.

Le azioni e le emozioni della vita attuale infatti possono influire sulle incarnazioni future, a seconda della natura del karma che contengono: una condotta buona e virtuosa, indica un desiderio latente di sperimentare gli aspetti buoni e virtuosi della vita, pertanto chi si comporta in tal modo rinascerà in cielo sotto forma di Deva (Divinità, Angelo) o in una famiglia umana prospera e virtuosa.

D'altra parte, una persona che si comporta in modo immorale e compie atti crudeli, manifesta il desiderio latente di sperimentare gli aspetti negativi e crudeli della vita e di conseguenza attirerà karma che lo porterà a reincarnarsi all'inferno, come demone, o in forme di vita inferiori.

"Semina   un   pensiero,   raccogli   un'azione
Semina   un'azione,   raccogli   un'abitudine
Semina   un'abitudine,   raccogli   un   carattere
Semina un carattere, raccogli un destino."

Insomma la Legge del Karma non contempla punizioni o ricompense, ma semplicemente evidenzia le conseguenze delle scelte fatte in termini di responsabilità: secondo tale Legge qualunque sofferenza o piacere che l'anima sperimenta nella vita attuale è causato da scelte che ha fatto in passato.

Secondo la filosofia giainista, tutte le anime sono intrinsecamente pure, in possesso delle qualità di infinita conoscenza, percezione, beatitudine ed energia, è solo quando sono associate ai corpi fisici e alle sfide della realtà materiale che perdono la purezza originaria, scivolando nel ciclo delle vite, contaminate e ostacolate a causa del karma.

Il semplice atto della nutrizione può generare inevitabilmente conseguenze di natura karmica se vengono distrutte delle vite, animali o vegetali.

Un filosofo giainista, Virchand Gandhi così descrive il karma:

"Tutte le anime non liberate, quando trapassano da una vita all'altra, portano con sé il corpo Karmico, che è invisibile e sottile e questo corpo, a seconda delle energie karmiche che trasporta, attira le particelle di materia, necessarie per formare il nuovo corpo fisico. Gli organi dei sensi, le emozioni, la parola, il pensiero, i desideri, l'intelligenza, si formano in base alla capacità dell'anima di mettere insieme le informazioni che vengono attratte dalle connessioni karmiche, rinascendo nei mondi infernali o celesti."

La liberazione dell'anima dalle impurità del Karma, può essere raggiunta applicando i giusti metodi di purificazione: nel corso dei secoli, monaci e yogi hanno sviluppato un corpus ampio e sofisticato di letteratura che descrive la natura dell'anima, i vari aspetti del karma e le modalità e gli strumenti per raggiungere la Moksa, ossia la liberazione.

Negli Yoga Sūtra di Patanjali il Karma è connesso con quelli che sono definiti gli "stati dolorosi": ignoranza spirituale (avidyā); sentimento di individualità (asmitā); attaccamento (rāga); disgusto (dveśa); volontà di vivere (abhiniveśa): sono questi a influenzare il Karma e a sua volta il Karma spinge verso stati che creano dolore.

Ādi Śankara (788 – 820), il noto filosofo esponente dell'Advaita Vedānta, scuola che si rifà agli insegnamenti delle Upanishad elaborando un monismo assoluto che assegna al divenire del mondo e dell'individuo una realtà illusoria, riprende la teoria del Karma così come esposta da Patañjali e la amplia introducendo quei concetti che attualmente sono entrati nel linguaggio comune quando si discorre di karma.

Nei suoi numerosi commenti alle Upanishad, alla Bhagavadgītā e ai Brahma Sūtra di Badarayana, il filosofo distingue tre tipi di "residui karmici" identificabili alla morte dell'individuo:

Prārabdhakarman: residui karmici di vite precedenti che erano già presenti alla nascita della vita appena conclusa;

Sañcitakarman: residui karmici di vite precedenti che sono rimasti latenti nella vita appena conclusa, che cioè non sono giunti a maturazione (vipāka);

Sañcīyamāna (o anche āgāminkarman): semi generati dalle azioni compiute nella vita appena conclusa e che si presenteranno come residui karmici nelle vite future.

Il Prārabdhakarman del nuovo individuo nascente sarà quindi dato dall'insieme di Sañcitakarman e Sañcīyamāna: da questo punto di vista il Prārabdhakarman è quindi il Karma "ereditato" e che si dovrà cercare di far maturare, risolvere ai fini della liberazione.

Il mistico indiano Swami Vivekananda (1863 – 1902), esponente contemporaneo dell'Advaita Vedānta e uno dei principali artefici della rinascenza del pensiero hindu nell'India colonia britannica, così sintetizza il suo punto di vista sul karma:

«Noi entriamo in questa vita con l'esperienza di un'altra, e la fortuna o la sfortuna di quest'esistenza sono il risultato delle nostre azioni in un'esistenza precedente; e così noi stiamo diventando sempre migliori fino a che alla fine sarà raggiunta la perfezione. Non c'è altro modo per rivendicare la gloria e la libertà dello spirito umano e di riconciliare le ineguaglianze e gli orrori di questo mondo, che sistemare tutto il peso sulla legittima causa, le nostre azioni indipendenti, o karma. Inoltre, qualunque teoria della creazione dello spirito dal nulla conduce inevitabilmente al fatalismo e alla preordinazione, e invece di un Padre Misericordioso, ci mettiamo di fronte a un orrendo, crudele, e sempre arrabbiato Dio da adorare.»

"Se è la sofferenza che temi, se è la sofferenza ciò che detesti, non compiere mai azioni cattive, perché tutto si vede per quanto segreto.

Quelli che imbrogliano negli affari, quelli che contro il Dharma agiscono, quelli che frodano, quelli che truffano, gettano sé stessi in un gorgo, perché le azioni delle persone con esse rimangono.

Qualunque azione possa un individuo compiere, siano esse di gioia portatrici, siano esse cattive, un'eredità per lui costituiscono, le azioni non svaniscono senza lasciar traccia.

Un'azione cattiva non necessariamente causa subito a chi l'ha compiuta un qualche guaio.

Essa nascostamente allo stolto superficiale ci accompagna, proprio come un fuoco che giace sotto la cenere.

Proprio come una lama appena forgiata, l'azione cattiva nell'immediato non provoca alcuna ferita.

Proprio il ferro produce la ruggine che lentamente di certo lo consumerà.

Colui che il male compie, dalle sue stesse azioni è portato a una vita di sofferenza".

Dharmapada (Articolo a cura di Akshara Umberto Carmignani)

Se segui il Dharma, avrai un buon karma: si può riassumere così l'antica sapienza e dottrina insegnata nelle Upanisad, tra i più antichi testi religiosi e filosofici indiani. Ma che significa? Karma deriva dal termine sanscrito karman, che si può tradurre con "creare qualcosa agendo"; in pratica, la parte non necessariamente visibile delle nostre azioni crea il nostro destino. Anche "Dharma" è una parola sanscrita e significa "obbligo morale, verità", "come le cose sono" o "come le cose dovrebbero essere".

I concetti di karma e dharma (che si sono diffusi in Occidente soprattutto a partire dal XIX secolo, grazie anche alla Società Teosofica e, più tardi, ai movimenti New Age) esprimono il cardine della Legge di compensazione: si raccoglie quello che si semina. Non c'è via di scampo.

"Ogni azione, ogni pensiero, raccoglie i corrispondenti frutti. La sofferenza umana non è un segno della collera di Dio, o della Natura, verso l'umanità: è piuttosto un segno dell'ignoranza della legge divina da parte dell'uomo", afferma Paramhansa Yogananda in "Come creare il proprio destino". Il karma è una via senza possibilità di scelta? Sì e no.

Rudolf Steiner, nelle sue "Considerazioni esoteriche su nessi karmici", fa l'esempio di un uomo che decide di costruirsi una casa per andarci a vivere; quando è pronta va ad abitarci. Se a quel punto non ricordasse più di aver voluto quella casa e dentro quelle mura ora si sentisse stretto, rimane sempre il fatto che, dentro la sua abitazione sarà libero di vivere come vuole, in modo saggio oppure in modo dissoluto.

Quelle libere scelte contribuiranno non solo a costruire nuovo karma individuale ma, secondo la Scienza dello Spirito, si inscriveranno anche nel karma della Terra che, a sua volta, contribuisce a preparare il futuro dell'umanità.

Non tutti sanno però che il nostro karma può arrivare anche dal futuro. Spiega Fausto Carotenuto di Coscienze in Rete:

"Le singole esperienze della vita servono per sviluppare la nostra capacità di amare e far crescere lo

Spirito; il karma serve per "compensare" le azioni del passato ma una parte delle situazioni in cui ci troviamo è necessaria per prepararci in modo specifico ai compiti che attendono la nostra anima e il nostro Spirito in questa o altre vite. È lo stesso principio per cui un genitore fa, oggi, studiare una lingua straniera al figlio: così, un domani, avrà già consolidato una competenza che gli sarà utile; ovviamente con il karma si tratta di sviluppare, consolidare qualità dello Spirito".

"Ci sono le onde e c'è il vento, ci sono le forze visibili e quelle invisibili. Ognuno ha questi stessi elementi nella sua vita, il visibile e l'invisibile, il karma e il libero arbitrio": ci ricorda Kuan Yin, amorevole dea taoista della compassione.

La Meditazione

Meditare significa entrare in uno stato di sensibilità, totalità, integrità; significa "fermare la mente" e ascoltare sé stessi e le cose in silenzio oppure occupare la mente.

Quasi tutti gli insegnati Reiki, così come tramandato dalla stessa Takata, insegnano che quando facciamo Reiki dobbiamo affidarci completamente all'energia in quanto è intelligente e va da sola dove serve. Insegnamento assolutamente corretto ma purtroppo incompleto. **L'energia di Reiki è sicuramente intelligente e va da sola a lavorare dove serve a condizione che la mente dell'operatore non metta nessuna intenzione durate lo svolgimento del trattamento.** In quanto come ben sappiamo l'energia segue il pensiero o se preferite il pensiero crea.

Facciamo un esempio arriva da noi una persona con mal di stomaco, iniziamo il nostro trattamento e molto probabilmente la nostra mente inizierà a pensare che dobbiamo far passare il mal di stomaco, a volte immaginando anche l'energia che va allo stomaco del nostro ricevente. Processo assolutamente naturale, ma, molto limitante per l'energia che andrà sicuramente allo stomaco del nostro ricevente, portando magari, anche dei benefici sintomatici, con nostra grande soddisfazione e compiacimento del nostro ricevente. Però così facendo abbiamo disatteso l'indicazione di lasciare libera l'energia, di non metterci pensiero e intenzione. Come ben sappiamo tutte le problematiche fisiche dal punto di vista olistico sono psico-somatico-spirituali ergo causate dallo squilibrio generato dalla nostra ignoranza o squilibrio tra corpo, mente e anima.

È vero. L'energia di Reiki è intelligente, ma lo deve essere anche il canale (l'operatore), altrimenti la nostra mente, le nostre intenzioni andranno a limitare il libero fluire dell'energia stessa.

Usui insegnava ai suoi allievi la meditazione non solo come strumento di crescita spirituale indispensabile per espandere la propria coscienza e consapevolezza, ma anche come strumento fondamentale per imparare a staccare la mente durante i trattamenti, infatti quando facciamo un trattamento dovremmo riprodurre grazie all'esperienza e alla conoscenza della meditazione lo stesso stato interno di resa e abbandono, in questo modo non solo l'energia sarà veramente libera, ma, sperimentando stati di espansione di coscienza anche l'energia canalizzata avrà frequenze più alte e produrrà risultati più efficaci e profondi andando, non solo a lavorare sul sintomo ma anche sulle cause profonde che lo hanno generato. La pratica del Reiki può essere definita "Disciplina Spirituale" solo se facciamo della meditazione una pratica quotidiana e costante. Non esiste vera disciplina spirituale senza la meditazione, questa verità la troviamo in tutte le tradizioni antiche e soprattutto in quelle di origine orientale come il Reiki. Usui nel Reiki insegnava ben quattro tecniche di meditazione in funzione del livello di insegnamento ognuna delle quali ha uno scopo ben preciso che va dal controllo della mente e il raggiungimento della pace interiore (Hanshin Ritsumei che è lo scopo del Reiki) alla pulizia energetica del corpo, della mente, dello spirito e alla trasformazione del Karma.

Meditazione Zen

Sedetevi in un luogo tranquillo ben eretti sulla punta di una sedia o per terra nella posizione del loto o a gambe incrociate a stomaco vuoto senza appoggiare la schiena facendo attenzione a non pendere né a destra né a sinistra né davanti né indietro.

Spingete la lingua in avanti contro il palato, la bocca è chiusa i denti si toccano e gli occhi sono semi aperti; non perdete lo sguardo nel vuoto; non fissate alcun oggetto.

Le mani appoggiatele a palmi in su sulle cosce cercando di aprire e rilassare il più possibile le spalle e il bacino tendendo leggermente la nuca col mento un po' rientrato, spingendo la sommità del corpo verso l'alto.

Cercate di rimanere perfettamente immobili e tranquilli arrestando i più sottili movimenti del corpo e della mente.

Una volta fissata la vostra postura perfetta senza eccessiva tensione o rilassatezza, rimanete continuamente concentrati sulla verticalità della vostra posizione.

Lasciamo continuamente il respiro e i pensieri così come sono senza intervenire per modificarli, senza scacciarli o attaccarci continuando a volgere l'attenzione alla postura eretta.

Se qualunque cosa dovesse disturbare la vostra meditazione e vi accorgete dei pensieri, le emozioni, la malavoglia, i rumori, i dolori, il torpore, il sonno o qualsiasi sentimento o sensazione buona o cattiva, tornate continuamente a volgere l'attenzione sulla vostra postura.

Questo è l'esercizio della meditazione Zen, ovvero attenzione costante della propria postura: la durata di questo esercizio può durare da mezz'ora ad un'ora al giorno.

La Dimensione Spirituale: il sentiero dell'illuminazione

Reiki, come insegnato da Usui nei primi anni del 1920, è in definitiva un sentiero per l'illuminazione. E per qualcuno di noi è un sentiero per percorrere la via dell'illuminazione, ed è vitale che siamo ben preparati per l'evento. Che cosa ci prepara, è il Dharma. Dharma è una parola sanscrita che significa legge. Nella terminologia buddhista viene usato per indicare gli insegnamenti del Buddha. Nel nostro caso Reiki Dharma significa gli insegnamenti e le linee guida del Dr. Mikao Usui o Usui come lui era ed è chiamato in Giappone.

Reiki, eredità di Usui, si è diffusa come un fuoco selvaggio in tutta la Terra. In tutti i continenti Reiki è praticato indipendentemente dalla religione praticata, dal credo, razza o condizione sociale. Lo sviluppo del Reiki è finora senza precedenti nella storia del genere umano e la potenza di questa enorme energia può essere utilizzata in modo creativo per aumentare il livello di coscienza sul nostro bel pianeta.

Esempio di un programma di terzo livello e Master

Il quarto simbolo del Sistema Usui

Il Sutra del Cuore

Il Karma e il Dharma

La Dimensione Spirituale e il Servizio

La Meditazione

Il Trattamento per l' Auto-Guarigione del Karma

Analisi e scioglimento dei blocchi energetici

Una Cerimonia di Attivazione

Passare con gli studenti tutti i livelli dell'insegnamento Reiki 1, 2 e Master.

Dettare il programma per l'insegnamento nei diversi livelli.

Spiegazione della procedura di cerimonie di tutti livelli

Consegna degli Attestati di Partecipazione

Consigli per i seminari

All'inizio ti consigliamo di tenere classi di pochi studenti così da non sovraccaricarti energeticamente e stare molto male dopo. Inoltre ti consigliamo di attenerti ad uno stile semplice ed informale, per mettere a proprio agio gli studenti. Ricordati che essere Master non significa essere superiori ma semplicemente essere insegnanti.

Le cerimonie di attivazione per i tre livelli Reiki

Questa procedura è da ripetere sia per i trattamenti che per le attivazioni dei tre livelli Reiki:

1. Pulire energeticamente la stanza invocando la luce e le guide Reiki, i maestri ascesi, gli arcangeli;

2. Pulire la stanza con incenso o suonando una campanella o posizionare un contenitore con il sale marino grosso per terra e se lo si desidera una candela bianca;

3. Musica di sottofondo o il silenzio;

4. L'allievo si siede su una sedia e porta le mani a preghiera all'altezza del chakra del cuore e chiude gli occhi per le cerimonie;

5. Il Master si posiziona dietro di lui mettendogli le mani sulle spalle;

6. Il Master si centra al cuore;

7. Porre le mani sulla corona visualizzando che dal chakra della corona della persona esca una fontana di luce e portare le mani intorno al corpo aprendo l'aura della persona.

Procedura dell'iniziazione al primo livello Reiki: 4 cerimonie

1. Prima cerimonia: focalizzare il 5°, 6° e 7° chakra (apre il canale Reiki)

2. Seconda cerimonia: focalizzare il 3° e 4° chakra (rinforza i nervi a livello energetico)

3. Terza cerimonia: focalizzare il 1° e 2° chakra (rinforza i nervi a livello energetico)

4. Quarta cerimonia: focalizzare tutti i chakra, iniziando dal 1° al 7° con un filo di luce (fa sì che avremo Reiki per tutta la vita)

1° Fase:

Gli studenti si siedano sulla sedia, mettano i piedi per terra, chiudano gli occhi e si rilassino. Centrarsi e svuotare la mente. Il maestro s'inginocchia davanti agli studenti sul pavimento. Stende una mano verso l'alto e forma un'antenna. Con l'altra mano forma i simboli come segue e recita mentalmente tre volte i nomi dei mantra corrispondenti:

ChoKuRei

HonShaZeShoNen

DaiKoMyo

SeiHeKi

ChoKuRei

Poi per un paio di secondi canalizzare Reiki. Passare al prossimo studente.

2° Fase

Il maestro sta in piedi dietro lo studente e disegna i simboli nello seguente ordine:

ChoKuRei

HonShaZeShoNen

DaiKoMyo

SeiHeKi

ChoKuRei

Sopra la testa dello studente e per 3 volte recita mentalmente i nomi dei mantra e con l'altra mano verso l'alto fai un'antenna. Mettere le tue mani sui corrispondente chakra, uno alla volta, per attivarli e canalizzare Reiki per tutto il tempo necessario, un chakra alla volta. Poi passare allo studente successivo.

3° Fase

Appoggiare le mani sulla spalla sinistra e destra dello studente con i pollici sulla vertebra 7°. Su ciascuna spalla disegnare ChoKuRei e recitare mentalmente per 3 volte il nome corrispondente. Poi canalizzare Reiki e visualizzare come se tutti i chakra, dal 1° al 7°, si connettessero con un fascio di luce. Passare al successivo studente.

4° Fase

Prendere le mani dello studente tra le proprie mani e portarle sopra la sua testa. Poi tenere entrambe le mani con una mano, con l'altra disegnare ChoKuRei sulla punta delle dita dello studente in aria e recitare per tre volte il nome mentalmente. Dopo tenere le proprie punte delle dita tra le dita dello studente e canalizzare Reiki per tutto il tempo necessario. Tenere le mani dello studente e portarle sopra la sua testa e tenere entrambe le mani tra le proprie mani. Poi disegnare ChoKuRei e recitare per tre volte mentalmente il nome corrispondente sui lati esterni delle mani. Portare le mani piegate dello studente di fronte al suo chakra del cuore e tenere le sue mani tra le proprie. Poi aprire le mani e posizionarle sulle ginocchia dello studente con il palmo verso l'alto. Mettere le proprie mani nella stessa direzione delle sue mani e disegnare in ogni mano ChoKuRei e recitare mentalmente per tre volte il nome corrispondente e canalizzare nelle sue mani Reiki quanto è necessario. Passare allo studente successivo.

5° Fase

Tenere le mani dello studente tra le proprie, i suoi palmi delle mani verso l'alto e disegnare ChoKuRei recitando mentalmente per tre volte il nome corrispondente sulla parte dietro delle mani dello studente. Con l'altra mano disegnare tutti i simboli sulle mani dello studente nella seguente sequenza e recitare per tre volte il nome corrispondente:

ChoKuRei

HonShaZeShoNen

DaiKoMyo

SeiHeKi

ShoKuRei

Poi battere (improntare) nelle sue mani i simboli e canalizzare Reiki per tutto il tempo necessario. Questa è l'impronta e l'attivazione dei simboli nelle mani. Fate lo stesso con l'altra mano. Poi tocca lo studente successivo.

6° Fase

Prendere un piede dello studente e mettere una mano sulla parte superiore del piede. Disegnare tutte i simboli sulla pianta del piede nel seguente ordine e recitare per 3 volte il nome corrispondente:

ChoKuRei

HonShaZeShoNen

DaiKoMyo

SeiHeKi

ShoKuRei

Canalizzare Reiki per tutto il tempo necessario. Fate lo stesso con l'altro piede. Passare allo studente successivo.

7° Fase

Disegnare con la lingua in bocca ChoKuRei e recitare per tre volte mentalmente il suo nome. Dopo soffiare dal basso in alto in entrambi i chakra della mano e in tutti i chakra principali. Tenere le mani dello studente incrociate davanti al suo cuore e lasciarle così. Procedere con lo studente successivo.

8° Fase

Rimettersi nella posizione di partenza davanti allo studente in piedi. Tendere una mano come antenna verso l'alto, e disegnare con l'altra mano ChoKuRei e recitare per tre volte il nome corrispondente nella sua direzione e diffondere il simbolo. Tenere le mani davanti al vostro cuore e soffiare verso lo studente. Mettere le proprie mani unite e portarle sul chakra della corona, poi di nuovo davanti al chakra del cuore e poi di nuovo soffiare verso lo studente. Sollevare le mani giunte dello studente e poi separarle. Con le mani dello studente formare su ciascun lato un mezzo cerchio e poi battere su ciascuna gamba contemporaneamente. Chiudere l'aura con le mani (non la corona). Benedire l'allievo e ringraziarlo. Ringraziare le guide ed i maestri. Chiedere allo studente di aprire gli occhi. Andare a lavare le mani e bere acqua.

Procedura dell'iniziazione al secondo livello Reiki: 3 cerimonie

1° Fase:

Gli studenti si siedano sulla sedia, mettano i piedi per terra, chiudano gli occhi e si rilassino. Centrarsi e svuotare la mente. Il maestro s'inginocchia davanti agli studenti sul pavimento. Stende una mano verso l'alto e forma un'antenna. Con l'altra mano forma i simboli come segue e recita mentalmente tre volte i nomi dei mantra corrispondenti:

ChoKuRei

HonShaZeShoNen

DaiKoMyo

SeiHeKi

ChoKuRei

A questo punto aggiungere il simbolo corrispondente all'iniziazione (vedi cronologia):

Primo simbolo ChoKuRei

Secondo simbolo SeiHeKi

Terzo simbolo HonShaZeShoNen

Poi per un paio di secondi canalizzare Reiki. Passare al prossimo studente.

Poi per un paio di secondi canalizzare Reiki. Passare al prossimo studente.

2° Fase

Il maestro sta in piedi dietro lo studente e disegna i simboli nello seguente ordine:

ChoKuRei

HonShaZeShoNen

DaiKoMyo

SeiHeKi

ChoKuRei

A questo punto aggiungere il simbolo corrispondente all'iniziazione (vedi cronologia):

Primo simbolo ChoKuRei

Secondo simbolo SeiHeKi

Terzo simbolo HonShaZeShoNen

Sopra la testa dello studente per 3 volte recita mentalmente i nomi dei mantra e con l'altra mano verso l'alto fa un'antenna. Mettere le tue mani sui corrispondente chakra, uno alla volta, per attivarli e canalizzare Reiki per tutto il tempo necessario, un chakra alla volta. Poi passare allo studente successivo.

3° Fase

Appoggiare le mani sulla spalla sinistra e destra dello studente con i pollici sulla vertebra 7°. Su ciascuna spalla disegnare ChoKuRei e recitare mentalmente per 3 volte il nome corrispondente. Poi canalizzare Reiki e visualizzare come se tutti i chakra, dal 1° al 7°, si connettessero con un fascio di luce. Passare al successivo studente.

4° Fase

Prendere le mani dello studente tra le proprie mani e portarle sopra la sua testa. Poi tenere entrambe le mani con una mano, con l'altra disegnare ChoKuRei sulla punta delle dita dello studente in aria e recitare per tre volte il nome mentalmente. Dopo tenere le proprie punte delle dita tra le dita dello studente e canalizzare Reiki per tutto il tempo necessario. Tenere le mani dello studente e portarle sopra la sua testa e tenere entrambe le mani tra le proprie mani. Poi disegnare ChoKuRei e recitare per tre volte mentalmente il nome corrispondente sui lati esterni delle mani. Portare le mani piegate dello studente di fronte al suo chakra del cuore e tenere le sue mani tra le proprie. Poi aprire le mani e posizionarle sulle ginocchia dello studente con il palmo verso l'alto. Mettere le proprie mani nella stessa direzione delle sue mani e disegnare in ogni mano ChoKuRei e recitare mentalmente per tre volte il nome corrispondente e canalizzare nelle sue mani Reiki quanto è necessario. Passare allo studente successivo.

5° Fase

Tenere le mani dello studente tra le proprie, i suoi palmi delle mani verso l'alto e disegnare ChoKuRei recitando mentalmente per tre volte il nome corrispondente sulla parte dietro delle mani dello studente. Con l'altra mano disegnare tutti i simboli sulle mani dello studente nella seguente sequenza e recitare per tre volte il nome corrispondente:

ChoKuRei

HonShaZeShoNen

DaiKoMyo

SeiHeKi

ShoKuRei

Poi battere (improntare) nelle sue mani i simboli e canalizzare Reiki per tutto il tempo necessario. Questa è l'impronta e l'attivazione dei simboli nelle mani. Fate lo stesso con l'altra mano. Poi tocca lo studente successivo.

6° Fase

Prendere un piede dello studente e mettere una mano sulla parte superiore del piede. Disegnare tutte i simboli sulla pianta del piede nel seguente ordine e recitare per 3 volte il nome corrispondente:

ChoKuRei

HonShaZeShoNen

DaiKoMyo

SeiHeKi

ShoKuRei

poi canalizzare Reiki per tutto il tempo necessario. Fate lo stesso con l'altro piede. Passare allo studente successivo.

7° Fase

Disegnare con la lingua in bocca ChoKuRei e recitare per tre volte mentalmente il suo nome. Dopo soffiare dal basso in alto in entrambi i chakra della mano e in tutti i chakra principali. Tenere le mani dello studente incrociate davanti al suo cuore e lasciarle così. Procedere con lo studente successivo.

8° Fase

Rimettersi nella posizione di partenza davanti allo studente in piedi. Tendere una mano come antenna verso l'alto, e disegnare con l'altra mano ChoKuRei e recitare per tre volte il nome corrispondente nella sua direzione e diffondere il simbolo. Tenere le mani davanti al vostro cuore e soffiare verso lo studente. Mettere le proprie mani unite e portarle sul chakra della corona, poi di nuovo davanti al chakra del cuore e poi di nuovo soffiare verso lo studente. Sollevare le mani giunte dello studente e poi separarle. Con le mani dello studente formare su ciascun lato un mezzo cerchio e poi battere su ciascuna gamba contemporaneamente. Chiudere l'aura con le mani (non la corona). Benedire l'allievo e ringraziarlo. Ringraziare le guide ed i maestri. Chiedere allo studente di aprire gli occhi. Andare a lavare le mani e bere acqua.

Procedura dell'iniziazione al Reiki Master: 1a cerimonia

L'iniziazione è la stessa come nell'iniziazione del secondo livello Reiki. Non c'è nessuna iniziazione speciale per il Master. Tutte le fasi, salvo le fasi 5 e 6, sono uguali come nell'iniziazione al secondo livello. Nella fase 5 e 6 improntare solo il DaiKoMio, senza gli altri simboli, nelle due mani e piedi.

1° Fase:

Gli studenti si siedano sulla sedia, mettano i piedi per terra, chiudano gli occhi e si rilassino. Centrarsi e svuotare la mente. Il maestro s'inginocchia davanti agli studenti sul pavimento. Stende una mano verso l'alto e forma un'antenna. Con l'altra mano forma i simboli come segue e recita mentalmente tre volte i nomi dei mantra corrispondenti:

ChoKuRei

HonShaZeShoNen

DaiKoMyo

SeiHeKi

ChoKuRei

A questo punto aggiungere il simbolo corrispondente all'iniziazione:

DaiKoMyo

Poi per un paio di secondi canalizzare Reiki. Passare al prossimo studente.

Poi per un paio di secondi canalizzare Reiki. Passare al prossimo studente.

2° Fase

Il maestro sta in piedi dietro lo studente e disegna i simboli nello seguente ordine:

ChoKuRei

HonShaZeShoNen

DaiKoMyo

SeiHeKi

ChoKuRei

A questo punto aggiungere il simbolo corrispondente all'iniziazione:

DaiKoMyo

Sopra la testa dello studente per tre volte recita mentalmente i nomi dei mantra e con l'altra mano verso l'alto fa un'antenna. Mettere le tue mani sui corrispondente chakra, uno alla volta, per attivarli e canalizzare Reiki per tutto il tempo necessario, un chakra alla volta. Poi passare allo studente successivo.

3° Fase

Appoggiare le mani sulla spalla sinistra e destra dello studente con i pollici sulla vertebra 7°. Su ciascuna spalla disegnare ChoKuRei e recitare mentalmente per 3 volte il nome corrispondente. Poi canalizzare Reiki e visualizzare come se tutti i chakra, dal 1° al 7°, si connettessero con un fascio di luce. Passare al successivo studente.

4° Fase

Prendere le mani dello studente tra le proprie mani e portarle sopra la sua testa. Poi tenere entrambe le mani con una mano, con l'altra disegnare ChoKuRei sulla punta delle dita dello studente in aria e recitare per tre volte il nome mentalmente. Dopo tenere le proprie punte delle dita tra le dita dello studente e canalizzare Reiki per tutto il tempo necessario. Tenere le mani dello studente e portarle sopra la sua testa e tenere entrambe le mani tra le proprie mani. Poi disegnare ChoKuRei e recitare per tre volte mentalmente il nome corrispondente sui lati esterni delle mani. Portare le mani piegate dello studente di fronte al suo chakra del cuore e tenere le sue mani tra le proprie. Poi aprire le mani e posizionarle sulle ginocchia dello studente con il palmo verso l'alto. Mettere le proprie mani nella stessa direzione delle sue mani e disegnare in ogni mano ChoKuRei e recitare mentalmente per tre volte il nome corrispondente e canalizzare nelle sue mani Reiki quanto è necessario. Passare allo studente successivo.

5° Fase

Tenere le mani dello studente tra le proprie, i suoi palmi delle mani verso l'alto e disegnare ChoKuRei recitando mentalmente per 3 volte il nome corrispondente sulla parte dietro delle mani dello studente. Con l'altra mano disegnare il simbolo DaiKoMyo sulle mani dello studente e recitare per tre volte il nome. Poi battere (improntare) nelle sue mani il simbolo e canalizzare Reiki per tutto il tempo necessario. Questa è l'impronta e l'attivazione del simbolo Master nelle mani. Fate lo stesso con l'altra mano. Poi tocca lo studente successivo.

6° Fase

Prendere un piede dello studente e mettere una mano sulla parte superiore del piede. Disegnare il simbolo DaiKoMyo sulla pianta del piede e recitare per tre volte il nome e poi canalizzare Reiki per tutto il tempo necessario. Fate lo stesso con l'altro piede. Passare allo studente successivo.

7° Fase

Disegnare con la lingua in bocca ChoKuRei e recitare per tre volte mentalmente il suo nome. Dopo soffiare dal basso in alto in entrambi i chakra della mano e in tutti i chakra principali. Tenere le mani dello studente incrociate davanti al suo cuore e lasciarle così. Procedere con lo studente successivo.

8° Fase

Rimettersi nella posizione di partenza davanti allo studente in piedi. Tendere una mano come antenna verso l'alto, e disegnare con l'altra mano ChoKuRei e recitare per tre volte il nome corrispondente nella sua direzione e diffondere il simbolo. Tenere le mani davanti al vostro cuore e soffiare verso lo studente. Mettere le proprie mani unite e portarle sul chakra della corona, poi di nuovo davanti al chakra del cuore e poi di nuovo soffiare verso lo studente. Sollevare le mani giunte dello studente e poi separarle. Con le mani dello studente formare su ciascun lato un mezzo cerchio e poi battere su ciascuna gamba contemporaneamente. Chiudere l'aura con le mani (non la corona). Benedire l'allievo e ringraziarlo. Ringraziare le guide ed i maestri. Chiedere allo studente di aprire gli occhi. Andare a lavare le mani e bere acqua.

Bibliografia

Libri
Carmignani U., Magnoni A. e Oggioni S., Il grande manuale del reiki, l'Età dell'Acquario, 2016 Torino;
Dalberg Andreas, Der Weg zum wahren Reiki-Meister, Knaur, 2000 München;
Kolland Katrin E.J., Meistergrad T, Hanael Verlag, 2011 München;
Kolland Katrin E.J., Intuitives Reiki Licht-Management, Hanael Verlag, 2011 München;
Kolland Katrin E.J., Jetzt Now: Quantensprung ins fünfdimensionale Gegenwartsbewusstsein, Hanael Verlag, 2014 München;

Sito web
https://www.associazioneitalianaReiki.com/storia-Reiki/
http://www.ilsapere.org/che-cose-il-Reiki/
www.Reikidharma.com
https://www.Reikiespirito.net/i-cinque-principi/
http://www.Reikiusui.it/Reiki/6-articoli/7-cosa-e-qil-Reikiq.html
https://simbolisignificato.it/simboli-Reiki
https://www.studio-operatoreolistico.it/wp-content/uploads/2014/03/Reiki-I-livello-Usui.pdf

Biografia

Maria Theresia Bitterli

Master of Art in Counseling relazionale (Università Cusano di Roma), Diploma di Counseling immaginale (Selene Calloni Williams), Bachelor in scienze della comunicazione (USI), Diploma di AuyrYoga (Remo Rittiner), altri specializzazioni di Yoga come Yin Yoga (Yogi Ram), Yesudian (Sven Jansen) e Yoga sciamanico e costellazioni immaginali (Selene Calloni Williams), Diploma di Drammaterapia (Salvo Pitruzzella presso la scuola di Artiterapia di Lecco), formazione teatrale (2 anni) e diversi laboratori internazionali (Cristina Castrillo presso il Teatro delle radici), ha conseguito diversi corsi teatrali e spettacoli con compagnie teatrali in Svizzera e Italia, è un'appassionata di fotografia (in particolare di viaggi, natura e nudo), formazione in musica improvvisata e diversi concerti con Guy Bettini, ha partecipato a workshop di canti armonici con Igor Ezendam e Gudrun Delin, canti spirituali/mantra e musicoterapia con Dawio Bordoli, suona l'harmonium e l'arpa, è arteterapista, master Reiki, naturopata, channelor, formazione di medium e guaritrice di luce (Maria Bianca Raven), astrologa e lettura delle carte Lenormand e i tarocchi (autodidatta con 40 anni di ricerca ed esperienza), ricercatrice spirituale, ha creato, insieme a suo marito Dawio, diverse tecniche di crescita personale e spirituale e insieme conducono gruppi di attività per la crescita personale, spirituale; ha pubblicato 27 libri.

Dawio Bordoli

Ha conseguito la formazione di insegnante di Yoga sciamanico e costellatore immaginale con Selene Calloni Williams, musicoterapista, suona la chitarra a 12 corde, ha composto diversi canti spirituali e musica Zen, è stato responsabile del gruppo Bhajan in Ticino del maestro spirituale Paramahamsa Sri Vishwananda, ha suonato per diversi centri di Yoga e privati, ha conseguito una formazione di musica improvvisata e concerti con Guy Bettini, ha partecipato a workshop di Rhiannon alla Fabbrica di Losone, è master Reiki, channelor, ricercatore spirituale, ha creato, insieme a sua moglie Maria Theresia, diverse tecniche di crescita personale e spirituale e insieme conducono diversi gruppi per la crescita personale, spirituale e di Kirtan/Bhajan. Ha pubblicato 16 libri.

LIBERTÀ - LUCE - AMORE

www.ishvaraholisticcenter.com